MEINE GRÜNE SPEISEKAMMER

Karoline Jönsson

Vegetarische Gerichte frisch
aus dem Garten und der Natur

Für die deutsche Ausgabe:
Übersetzung Marie-Luise Schwarz
Satz und Covergestaltung Arnold & Domnick, Leipzig
Lektorat Bettina Snowdon
Programmleitung & Produktmanagement Susanne Klar, Christine Rauch
Druck & Bindung Livonia Print, Lettland

© Lifestyle BusseSeewald in der frechverlag GmbH Stuttgart, 2015

Die schwedische Originalausgabe erschien 2014 unter dem Titel „Det gröna skafferiet" bei Bonnier Fakta.

© *Text* Karoline Jönsson 2014
Foto und Konzept Karoline Jönsson, außer den Seiten 6, 10, 20, 78, 97, 100, 127, 128 (Madeleine Jönsson) und 72, 75, 143 (Carina Jönsson)
Layout Annika Lyth
Redaktion Annika Ström
Repro Italgraf Media AB, Stockholm

Angaben und Arbeitshinweise in diesem Buch wurden von der Autorin und den Mitarbeitern des Verlags sorgfältig geprüft. Eine Garantie wird jedoch nicht übernommen. Autorin und Verlag können für eventuell auftretende Fehler oder Schäden nicht haftbar gemacht werden. Das Werk und die darin gezeigten Rezepte sind urheberrechtlich geschützt. Die Vervielfältigung und Verbreitung ist, außer für private, nicht kommerzielle Zwecke, untersagt und wird zivil- und strafrechtlich verfolgt. Dies gilt insbesondere für eine Verbreitung des Werkes durch Fotokopien, Film, Funk und Fernsehen, elektronische Medien und Internet sowie für eine gewerbliche Nutzung der gezeigten Rezepte.

1. Auflage 2015

ISBN: 978-3-7724-7394-4 • Best.-Nr. 7394

INHALT

Einleitung … 13

Die Speisekammer … 17

Die Fensterbank … 45

Der Garten … 71

Der Gemüsegarten … 95

Aus Wald und Feld … 123

Register … 154

Meine Speisekammer

Mitten in den südschwedischen Kornfeldern, wo die Küstenregion Österlen in die Hügellandschaft von Romeleåsen mit ihren Anhöhen und Tälern übergeht, liegt mein kleiner Hof aus der vorletzten Jahrhundertwende mit einer grünen Speisekammer. Auf der Fensterbank drängen sich Erbsensprossen und Kresse zwischen den Pflänzchen von Kürbis, Kohl und Artischocken, die ich für meine Gemüsebeete vorziehe. Im Herbst fülle ich den Vorratskeller mit selbst geernteten Äpfeln und am Waldrand pflücke ich Schlehen, Kriechen-Pflaumen und Holunder. Von meinen Birken zapfe ich den Saft und die Hühner legen fleißig Eier. Es bedeutet mir viel, mich um die Nahrungsmittel in meiner nächsten Umgebung zu kümmern. Nahrungsmittel, die weder mit Gift besprüht wurden noch eine halbe Weltreise hinter sich haben, bevor sie auf meinem Teller landen.

Kaffeeklatsch bei der Verwandtschaft in Tygelsjö.

Gutes, ökologisches und klimafreundliches Essen muss überhaupt nicht teuer, sondern kann sogar kostenlos sein, wenn man bereit ist, etwas Zeit dafür zu investieren. Ich glaube nämlich, dass ein Brot durch nichts ein besseres Aroma erhält, als durch eine lange Reifezeit und keine Artischocken können besser schmecken als diejenigen, die ich selbst gegossen und gedüngt und auf die ich mich monatelang gefreut habe.

Meine Speisekammer ist grün, weil ich mein frisch geerntetes Gemüse oder das reife Obst oft als Basis nehme, um daraus eine Mahlzeit oder ein Gebäck zu kreieren. Dabei bevorzuge ich einfache Geschmacksrichtungen mit unkomplizierter Zubereitung. Meine Speisekammer ist auch grün, weil sie vegetarisch ist. Für mich ist es unnötig, Fleisch zu essen – das stammt aus Zeiten, in denen man arm war und das Essen zum Überleben brauchte. Für mich haben Tiere einen Wert, der nicht mit einem Kilopreis beim Schlachter gemessen werden kann. Wenn wir heute in der westlichen Welt ein solch enormes Angebot an Lebensmitteln haben, verwende ich viel lieber die Vielfalt aus dem Pflanzenreich mit ihren unzähligen Variationen. Sich vegetarisch zu ernähren ist klimafreundlich und schenkt mir die Befriedigung, enger und in besserer Symbiose mit der Natur zu leben, was wiederum die Speisekammer noch grüner werden lässt.

Wenn ich Essen koche und Brot backe, werfe ich oft einen Blick in die Rezeptsammlungen meiner Großmütter – fein säuberlich notiert in ihren Schreibkladden aus den 1940er-Jahren. Diese Frauen beherrschten die Kunst, aus Nichts etwas Leckeres zu kochen, alles Essbare komplett auszunutzen und auch das übrig Gebliebene noch zu verwerten. Meine Großeltern väterlicherseits hatten eine kleine Landwirtschaft; der Vater meiner Mutter fuhr den Brauereiwagen durch die Straßen von Malmö und seine Frau arbeitete sowohl in großen Landhausküchen als auch in der Schulküche. Von daher verwundert es nicht, dass sich auch in meinem Leben viel um Garten und Küche dreht. Und nun führe ich die Tradition mit meinem Blog und diesem Buch weiter.

Großmutter Greta mit einem selbst aufgezogenen Lamm.

Großvater Frans bestellte seine Felder mit den Arbeitspferden Lilly und Felix, bevor die Traktoren Einzug hielten.

Urgroßvater Ivar bei seinem Nachmittagskaffee in der Laube in Tygelsjö.

DIE SPEISEKAMMER

Auf dem Feuer Suppe kochen –
Küchenchemie bei Zimmerwärme

Nur wenig andere Erkenntnisse haben das Leben der Menschen so revolutioniert wie die Entdeckung, welche Möglichkeiten ein Feuer bietet. Diese elementare Naturkraft ist heute ein selbstverständlicher Bestandteil unseres Alltags. Es gibt nicht viele, die sich vorstellen könnten, immer nur rohe Lebensmittel zu essen. Ich kann mich glücklich schätzen, sowohl einen Elektroherd als auch einen alten emaillierten Holz-Küchenofen zu besitzen. Auf Feuer zu kochen ist romantisch, vollkommen zeitlos und man erhält fantastische Ergebnisse.

Im Winter sorgt der Holzofen mit seiner Wärme für besondere Behaglichkeit, sodass ich nicht den ganzen Tag in dicken Wollsocken herumlaufen muss. Da kommt es einem besonders luxuriös vor, den Herd anfeuern zu können, seine Wärme zu genießen und gleichzeitig das Teewasser darauf köcheln zu lassen. Oder man kocht sich ein kleines Mittagessen auf den warmen Platten. Und wenn es darum geht, etwas zu trocknen, ist dieser Herd unschlagbar! Man muss nur ein paarmal am Tag ein Scheit nachlegen, statt den halben Tag den elektrischen Backofen laufen zu lassen.

Wenn sich die Küche durch den Holzofen gut erwärmt hat, kommt auch allerhand Küchenchemie besser in Fahrt, nicht zuletzt die Bakterienkulturen, die beispielsweise den Teig gehen lassen, Ansätze für Sauerteig, milchsauer eingelegtes Gemüse oder Joghurt- und Dickmilchkulturen. So entsteht auch meine eigene Molkerei und Bäckerei durch die Wärme des Holzfeuers!

VEGANE MILCH

Es ist ganz einfach, aus Nüssen, Samen oder Hafer vegane Milch herzustellen und für die Umwelt und die Gesundheit ist es außerdem gut. Wenn man backt oder kocht, kann man im Prinzip immer ebenso gut vegane statt tierische Milch verwenden. Zudem lässt sich die Hafer-, Nuss- oder Samenmasse, die als Rückstand im Sieb verbleibt, zum Kochen von Grütze oder beim Brotbacken nutzen. Vegane Milch ist 3–5 Tage haltbar.

HAFERMILCH

Hafer ist ein Getreide, das bei uns im Norden gut gedeiht. Ich stelle gern vegane Milch aus Zutaten her, die aus meiner nahen Umgebung stammen, und unter diesem Gesichtspunkt ist Hafer eine der besten Alternativen. Da die Milch auch in der Herstellung günstig ist, eignet sie sich besonders, wenn man größere Mengen benötigt. Ich finde, dass man sie gut zum Kochen und zur Getränkezubereitung nehmen kann, zum Beispiel für Chai Latte, aber auch für einen Teller Grütze.

NUSSMILCH

Aus Mandeln, Haselnüssen oder Cashewkernen hergestellte Milchsorten sind für mich die allerbesten zum Trinken und sie müssen eigentlich überhaupt nicht zusätzlich gewürzt werden. Alle Sorten haben ein feines, mildes Nussaroma.

SESAMMILCH

Sesammilch kann man sowohl aus geschälten als auch aus ungeschälten Sesamsamen machen. Geschälten Sesam findet man am häufigsten in den Läden, aber auch ungeschälten bekommt man heutzutage in den meisten größeren Lebensmittelgeschäften. Die Milch des geschälten Sesamsamens ist milder im Geschmack. Milch aus ungeschälten Sesamsamen enthält hingegen mehr Kalzium. Probieren Sie beide Varianten aus und schmecken Sie den Unterschied.

1 LITER VEGANE MILCH

120 g entspelzter Hafer, ganze Nüsse oder Sesamsamen
1 Prise Salz
evtl. Mark von ½ Vanillestange

ZUBEREITUNG

1. Hafer, Nüsse oder Sesamsamen (alternativ auch gemischt) über Nacht oder mindestens 5 Stunden in reichlich kaltem Wasser einweichen.
2. Das Wasser abgießen und 1 l frisches kaltes Wasser zugießen. Im Mixer pürieren und die Mischung dann durch ein Tuch ablaufen lassen. Die Milch mit Salz und nach Wunsch mit Vanillemark abschmecken.

AROMATISIEREN

Alle Milchsorten sind direkt nach dem Filtern trinkbar, aber man kann sie auch ausgezeichnet süßen oder würzen. Zum Kochen ist vielleicht eine ganz neutrale Milch am besten, aber wenn sie zum Kuchen getrunken werden soll, passt etwas Vanille besonders gut dazu. Wer gern experimentiert, kann die Milch mit den gewürzten Zuckersorten auf Seite 41 aromatisieren.

JOGHURT

Ein Teil der Lebensmittel, die wir kaufen, ist eigentlich überhaupt nicht schwer selbst zu machen. Aber irgendwie ist es so selbstverständlich, ein fertiges Produkt zu kaufen, dass wir nur selten auf den Gedanken kommen. So ist es auch mit Joghurt und Dickmilch. Ich staune immer wieder, was sich aus roher Milch alles machen lässt. Sie kann sowohl zu Hartkäse und Joghurt als auch zu Dickmilch und Frischkäse verarbeitet werden. Und aus der Sahne, die abgeschöpft wird, wird Butter oder Clotted Cream.

Hier verwandeln wir mit zwei verschiedenen Bakterienkulturen Milch zu Joghurt und zu Dickmilch. Ein kleiner Rest vom selbst gemachten Joghurt kann für die nächste Produktion verwendet werden.

1 l Milch mit natürlichem Fettgehalt
50–100 g Naturjoghurt

ZUBEREITUNG

1. Die Milch in einem Topf erwärmen und von der Kochplatte nehmen, wenn sie zu kochen beginnt (85–90 °C). Dann im Topf auf ca. 40 °C abkühlen lassen, was etwas mehr als handwarm ist. Den Joghurt zufügen und gut vermischen.
2. Den Topfdeckel auflegen, den Topf in ein paar Küchenhandtücher einwickeln oder die Flüssigkeit in einen Thermo-Speisebehälter gießen. Bei Zimmertemperatur stehen lassen, bis die gewünschte Konsistenz erreicht ist. Das dauert 12–20 Stunden. Dann den Joghurt in eine Kanne, eine Flasche mit weitem Hals oder eine Karaffe schütten und im Kühlschrank aufbewahren. Er ist ungefähr 1 Woche haltbar.

DICKMILCH

500 ml Milch mit natürlichem Fettgehalt
50 ml Dickmilch oder Schwedenmilch
  (oder schwedische Filmjölk, falls erhältlich)
50 g Sahne

ZUBEREITUNG

1. Die Milch in einem Topf erwärmen und von der Kochplatte nehmen, wenn sie gerade anfängt aufzukochen (85–90 °C). Dann bei Zimmertemperatur im Topf abkühlen lassen.
2. Dickmilch, Schwedenmilch oder Filmjölk und Sahne mit der Milch verrühren und die Mischung in kleine Schalen gießen. Mit Frischhaltefolie abdecken und bei Zimmertemperatur 1 ½–2 Tage stehen lassen, bis die Dickmilch fest geworden ist. Dann kühl stellen. Sie ist ungefähr 1 Woche haltbar.

DIE SPEISEKAMMER

FROZEN JOGHURT & MÜSLIRIEGEL

Die gefrorenen Joghurtriegel sind eine gesunde und sättigende Alternative für alle, die gern Eis essen. Ein etwas anderes, aber gesundes Frühstück, das sich auch gut als Zwischenmahlzeit eignet.

500 g frische Erdbeeren
600 g Naturjoghurt (griechischer Joghurt eignet sich gut)
400 g Granola-Knuspermüsli
2 EL flüssiger Honig

ZUBEREITUNG

1. Die Erdbeeren in kleine Stücke schneiden und mit den restlichen Zutaten vermischen. Eine flache Form mit Frischhaltefolie auskleiden und die Masse darin 2–3 cm dick ausstreichen. Mit Frischhaltefolie abdecken. Einige Stunden in den Gefrierschrank stellen, bis die Masse ganz gefroren ist.
2. Den gefrorenen Joghurt 5–10 Minuten antauen lassen und dann mit einem scharfen Messer in Riegelgröße schneiden. Die Riegel in eine verschließbare Kunststoffdose legen, den Deckel schließen und zurück in den Gefrierschrank stellen.

GRANOLA-KNUSPERMÜSLI

Selbst geröstetes Knuspermüsli ist ganz einfach zu machen. Nehmen Sie dazu all die Zutaten, die Sie besonders gern mögen.

300 g Haferflocken
60 g Hirseflocken
70 g Sonnenblumenkerne
140 g Leinsamen
90 g Walnüsse
90 g Haselnüsse
100 ml Raps- oder Olivenöl
3 EL flüssiger Honig
200 g Sanddornbeeren (frisch oder TK)
200 g schwarze Johannisbeeren (frisch oder TK)

ZUBEREITUNG

1. Den Backofen auf 200 °C vorheizen. Alle Zutaten außer den Beeren in einer Schüssel gut mischen. Die Mischung auf einem Backblech verteilen und auf der mittleren Schiene ca. 30 Minuten rösten. Das Müsli sollte nicht zu stark gebräunt werden. Zwischendurch deshalb mehrmals durchrühren.
2. Die Ofentemperatur auf 50 °C reduzieren. Die Beeren auf einem mit Backpapier ausgelegten Blech ausbreiten und 5 Stunden bei spaltbreit geöffneter Tür (Kochlöffelstil dazwischenklemmen) im Ofen lassen, bis sie ganz durchgetrocknet sind. Abkühlen lassen und mit dem Knuspermüsli mischen. In einer luftdicht verschlossenen Dose aufbewahren.

DIE SPEISEKAMMER

GROSSMUTTERS KARAMELLCREME UND SCHOKOLADENPUDDING

In der kleinen Schreibkladde meiner Großmutter sind die Rezepte sorgfältig niedergeschrieben und nach ihren Anlässen datiert. Am 15. November 1943 wurde Schokoladenpudding gekocht und am 20. feierte man mit der Karamellcreme.

KARAMELLCREME

8–10 PORTIONEN

180 g Zucker
1,5 l Kuhmilch (von veganer Milch ca. 50 ml mehr) plus evtl. 50 ml zum Anrühren
40 g Kartoffelstärke
2 TL Vanillezucker

ZUM SERVIEREN

leicht geschlagene Sahne oder geschlagene kalte Kokosmilch
Bananenscheiben nach Belieben

ZUBEREITUNG

1. Den Zucker in eine saubere Pfanne geben und unter Rühren erhitzen, bis er schmilzt. Gleichzeitig die Milch in einem Topf aufkochen. Den geschmolzenen Zucker in die Milch einrühren.
2. Die Kartoffelstärke in 50 ml Milch oder Wasser anrühren und in die Milch im Topf einrühren. Die Mischung unter Rühren auf dem Herd erwärmen, bis sie zu einer Creme angedickt ist.
3. Die Creme etwas abkühlen lassen und dann mit Vanillezucker süßen. In Tassen, Portionsschälchen oder eine große Schüssel gießen. Mindestens 1 Stunde kühl stellen, bis die Creme erkaltet ist. Mit einem Klecks Schlagsahne oder geschlagener Kokosmilch und nach Belieben mit Bananenscheiben servieren.

SCHOKOLADENPUDDING

5–7 PORTIONEN

135 g Zucker
50 g Maisstärke
50 g Kakaopulver
1 Prise Salz
1 l Milch (Kuhmilch oder vegane Milch)

ZUM SERVIEREN

leicht geschlagene Sahne oder geschlagene kalte Kokosmilch (mit Lavendel- oder Minzezucker aromatisiert, siehe Seite 41)

ZUBEREITUNG

1. Alle trockenen Zutaten in einem Topf mischen. Die Milch zugießen und alles ohne Klümpchen verrühren.
2. Die Mischung unter Rühren auf dem Herd erwärmen, bis die Masse zu einer Creme angedickt ist.
3. In Tassen, Portionsschälchen oder eine große Schüssel gießen. Mindestens 1 Stunde kühl stellen, bis die Creme erkaltet ist. Mit einem Klecks Schlagsahne oder geschlagener Kokosmilch servieren.

SALAT- GEWÜRZ

Wenn es im Sommer in meinem Kräutergarten sprießt und wächst, ernte ich auch immer wieder etwas davon. Ein Teil der Ernte wird zu Tee, aber bestimmte Gewächse, wie zum Beispiel Minze, Estragon und Oregano werden als Gewürze getrocknet. Aus meinen Lieblingssorten mache ich dann ein Salatgewürz, mit dem ich alles, von Suppen über Getreideküchlein bis zu herrlichen Salaten, würze.

1 Bund Petersilie
1 Bund Oregano
1 Bund Salbei
1 Bund Basilikum
1 Bund Winterheckenzwiebeln (ersatzweise Frühlingszwiebeln)
5 Zitronenthymianzweige
2 TL Salz

ZUBEREITUNG
1. Die Kräuter und die Zwiebeln zusammengebunden aufhängen oder auf einem Gitter liegend an einem trockenen, dunklen Platz mindestens 1 Woche ruhen lassen, bis alles ganz trocken ist.
2. Die Blätter abstreifen und mit der getrockneten Zwiebel zusammen zu einem Pulver zerstoßen oder mixen. Mit dem Salz mischen. Trocken aufbewahren.

BRENNNESSEL- PULVER

Brennnesseln wachsen in unseren Breitengraden oft ganz in der Nähe. Sie wachsen und verbreiten sich ohne unser Zutun und sind für unsere Gesundheit genauso nützlich wie für die Umwelt. Ich bereite mein Brennnesselpulver am liebsten von den ersten Nesseln zu, die im Frühjahr wachsen, man kann sie aber auch den ganzen Sommer über ernten. Das Pulver steckt voller Vitamine und Mineralstoffe und passt zu vielen Gerichten. Man kann es beispielsweise über Popcorn, das Butterbrot und den Salat streuen. Es sollte möglichst nicht erhitzt werden, denn dann verliert es an Wirksamkeit.

ZUBEREITUNG
1. Sammeln Sie eine beliebige Menge Brennnesseln – mit dicken Handschuhen und mit Schere oder Heckenschere. Binden Sie ein Band um die Stiele und lassen Sie sie einige Wochen an einem trockenen, dunklen Platz hängen, bis sie ganz trocken sind.
2. Schneiden Sie die Blätter ab und zerstoßen oder mixen Sie sie zu einem Pulver. Trocken aufbewahren.

KÖRNERKEKSE MIT BRENNNESSELN

Diese Kekse, die schnell gebacken sind, mache ich oft. Sie sind meist schon nach ein paar Tagen alle weg. Das liegt daran, dass ihr Geschmack süchtig macht und sie zudem auch noch gesund sind. Man kann sie gut zusammen mit der Kräuter-Frischkäsecreme essen oder zu einer Käseplatte servieren.

Suchen Sie Ihre Lieblingskörner und -samen für die Kekse aus; man kann sie auch ohne Brennnesselpulver oder Chia-Samenkörner backen. Nur Leinsamen müssen dabei sein, denn eingeweicht ergeben sie eine klebrige Masse, die später die Kekse zusammenhält.

140 g Leinsamen
70 g Sesamsamen
70 g Sonnenblumenkerne
35 g Kürbiskerne
2 EL Chia-Samenkörner
3 EL Brennnesselpulver
1 TL Salz

ZUBEREITUNG

1. Alle Körnersorten mischen und über Nacht oder mindestens 5 Stunden in 500 ml Wasser einweichen. Brennnesselpulver und Salz untermischen.
2. Den Backofen auf 50 °C vorheizen. Die Mischung einige Millimeter dick auf einem mit Backpapier ausgelegten Blech ausstreichen. Für ca. 5 Stunden in den Ofen schieben, bis die Körnermischung ganz trocken ist. Abkühlen lassen und dann in Stücke brechen. Trocken aufbewahren.

KRÄUTER-FRISCHKÄSECREME

Ungewürzter Frischkäse eignet sich genau wie Cream Cheese als Grundlage für Frostings oder Eis. Man kann ihn aber auch auf verschiedene Arten würzen und als Dip, Brotbelag oder als frische Variante auf der Käseplatte ausprobieren.

500 g Naturjoghurt
1 EL fein gehackte Petersilie
1 EL fein gehacktes Basilikum
½ TL fein gehackter Zitronenthymian
abgeriebene Schale von ½ Bio-Zitrone
1 TL frisch gepresster Zitronensaft
Salz und schwarzer Pfeffer

ZUBEREITUNG

1. Den Joghurt in einem Kaffeefilter 5–8 Stunden abtropfen lassen. Je länger er abtropft, desto dicker wird er.
2. Kräuter mit der Zitronenschale und dem Saft unterrühren und mit Salz und Pfeffer abschmecken.

DIE SPEISEKAMMER

DINKELKNÄCKEBROT AUS SAUERTEIG

SAUERTEIGANSATZ

Sauerteig entsteht durch eine natürliche Art der Gärung. Mehl, Wasser und Salz sind die einzigen Zutaten, die man für ein perfektes Brot benötigt. Verwenden Sie für eine bessere Triebkraft Bio-Mehl.

TAG 1
Ein Schraubglas mit warmem Wasser ausspülen. 100 ml lauwarmes Wasser mit 30 g Bio-Roggenmehl darin verrühren, solange das Glas noch warm ist. Den Deckel auflegen, ohne ihn festzuschrauben und 3 Tage bei Zimmertemperatur stehen lassen. Ein- bis zweimal täglich umrühren oder schütteln.

TAG 4
Weitere 100 ml lauwarmes Wasser und 90 g Bio-Roggenmehl unterrühren, den Deckel auflegen und einen weiteren Tag bei Zimmertemperatur stehen lassen, bis der Teig anfängt, Blasen zu werfen.

TAG 5–6
Nun bleibt nur noch das erste „Füttern": Schütten Sie alles bis auf 3 EL Teig aus dem Glas heraus. Arbeiten Sie 75 ml lauwarmes Wasser und 60 g Roggenmehl ein. Nach 12 Stunden Ruhe bei Zimmertemperatur kann der Sauerteigansatz verwendet werden. Er soll nun im Kühlschrank mit zugeschraubtem Deckel aufbewahrt werden. Füttern Sie ihn einmal pro Woche laut Anweisung, entweder am Tag bevor Sie backen oder nachdem Sie mit ihm gebacken haben. Ein Sauerteig kann auch einmal etwas aus der Form geraten und schlechter gehen. Füttern Sie ihn dann mit einigen Tagen Abstand, dann erholt er sich wieder.

KNÄCKEBROT

Knäckebrot kann man leicht selbst backen und ganz nach Wunsch würzen. Probieren Sie Dillsamen oder verschiedene Sorten grob gemahlenen Pfeffer darüber gestreut aus.

100 ml Sauerteigansatz (ca. 6 EL; siehe links)
1 TL Salz
360–420 g Dinkelmehl plus 60–120 g für die Arbeitsfläche
70 g Leinsamen
evtl. 1 EL Chia-Samenkörner
7 EL grobe Weizenkleie
je 60 g Sesam und Leinsamen zum Bestreuen

ZUBEREITUNG

1. Sauerteigansatz, Salz, Mehl, Leinsamen und nach Wunsch Chia-Samenkörner mit 250 ml lauwarmem Wasser in einer Schüssel zu einem geschmeidigen Teig verarbeiten, mit Frischhaltefolie abdecken und den Teig ca. 12 Stunden bei Zimmertemperatur gehen lassen.

2. Den Backofen auf 200 °C vorheizen. Den Teig auf einer bemehlten Arbeitsfläche gut durchkneten. Dann in 3 Teile aufteilen und jeweils so dünn wie möglich (ca. 1 mm) ausrollen. Zum Schluss die Weizenkleie darüberstreuen. Den Teig in Stücke schneiden und diese auf mit Backpapier ausgelegte Bleche legen. Leicht mit Wasser besprühen und mit Sesam und Leinsamen bestreuen.

3. Nacheinander auf der mittleren Schiene 8–10 Minuten backen. Auf einem Gitter abkühlen lassen. Trocken aufbewahren.

TEA O'CLOCK

Das Schöne an Tee ist, dass man ihn in den unterschiedlichen Geschmacksrichtungen in allen nur denkbaren Arten variieren kann. In einem Teeladen stehen Mengen von Dosen in den Regalen aufgereiht. Aber es ist ja fast genauso einfach, seine eigenen Teesorten zu Hause zu mischen. Lassen Sie Ihrer Fantasie freien Lauf!

Im Sommer dürfen meine Gäste gern selbst im Kräutergarten herumschlendern und ein paar frische Blätter für ihre Tasse pflücken. Für meine verschiedenen Teemischungen sammle und trockne ich ebenfalls im Sommer die Blätter. Wenn Sie sich ein wenig mit Heilkräutern beschäftigt haben, können Sie auch Teesorten zusammenstellen, die Krämpfe lindern oder das Immunsystem stärken.

FRISCHER INGWERTEE MIT ZITRONENVERBENEN

1 BECHER

1 Stück frischer Ingwer (ca. 2 × 3 cm)
5 frische Zitronenverbenenblätter
5 Gewürznelken

ZUBEREITUNG

1. Den Ingwer schälen und mit der flachen Seite eines Messers zerdrücken.
2. Alle Zutaten in einen Becher geben und mit kochendem Wasser übergießen. 5–10 Minuten ziehen lassen. Ein guter Tee gegen Erkältungen.

SCHLAF-GUT-TEE

2 EL getrocknete Süßholzwurzel
6 EL getrocknete Lavendelblüten
6 EL getrocknete Kamillenblüten

ZUBEREITUNG

1. Die Süßholzwurzel in einer Kaffee- oder Mandelmühle grob zermahlen. Zusammen mit den getrockneten Blüten im Mörser zerreiben, bis die Blüten zerbröseln.
2. 1–2 TL der Teemischung in einen Teefilter geben und ca. 5 Minuten in einem Glas mit heißem Wasser ziehen lassen. Wer noch besser einschlafen möchte, lege sich einen kleinen Strauß getrockneten Lavendel in das Kopfkissen.

HERZENSFREUDE-TEE

6 EL getrocknete Zitronenmelisse
6 EL getrocknete Blütenblätter der Kartoffelrose (Rosa rugosa)
3 EL getrocknete Blätter einer rundblättrigen Minze (Mentha suaveolens), z. B. Apfelminze, andere Minzsorten sind auch möglich, aber keine Pfefferminze
3 EL getrocknete Kapuzinerkresseblüten

ZUBEREITUNG

1. Alle Zutaten mischen.
2. 1–2 TL der Teemischung in einen Teefilter geben und ca. 5 Minuten in einem Glas mit heißem Wasser ziehen lassen.

MITTSOMMERNACHTSTRAUM

7 EL grüner Tee
jeweils 2 TL von folgenden getrockneten Blüten:
Kamille
Frauenmantel
Kartoffelrose
Schafgarbe
Löwenzahn
Gänseblümchen
Kapuzinerkresse

ZUBEREITUNG
1. Den grünen Tee mit den getrockneten Blüten mischen.
2. 1–2 TL der Teemischung in einen Teefilter geben, in einem Glas mit ca. 70 °C heißem Wasser übergießen und ca. 5 Minuten ziehen lassen.

TEE GEGEN HALSWEH

1 BECHER
1 kleines Bund Salbei (frisch oder getrocknet; ca. 5 Blätter)
1 Thymianzweig (frisch oder getrocknet)
1 TL Honig

ZUBEREITUNG
1. Etwas Wasser zusammen mit den Kräutern aufkochen. Die Temperatur reduzieren und das Wasser ca. 10 Minuten sieden lassen.
2. In eine Tasse absieben und den Honig zugeben.

ZUCKER AROMATISIEREN

Mit aromatisiertem Zucker lässt sich wunderbar backen, man kann ihn über einen Teller Dickmilch streuen oder eine Tasse Tee damit süßen. Meine Schwester, die Heidesand liebt, rollt den Teig in Lavendel- oder Minzezucker und gewinnt dadurch auch einen guten Kräutergeschmack für ihr Mürbeteiggebäck. Ich selbst backe meine schwedischen Traumkekse nie, ohne Rosenzucker unter den Teig zu mischen.

Werfen Sie die ausgekratzten Vanillestangen nicht weg! Sie eignen sich ausgezeichnet, um Vanillezucker selbst zu machen – der um Längen besser schmeckt als der gekaufte. Den aromatisierten Zucker hebt man in luftdicht verschließbaren Dosen auf.

MINZEZUCKER

1 Bund frische Minze
90 g Zucker

ZUBEREITUNG

1. Die Minzezweige zusammenbinden und ca. 1 Woche zum Trocknen aufhängen.
2. Die getrockneten Blätter von den Stielen streifen und eine Handvoll davon (ca. 5 EL) mit dem Zucker vermischen. Zucker und Minzeblättchen zu einem feinen Pulver vermahlen.

VANILLEZUCKER

1 ausgekratzte Vanillestange
45 g Zucker

ZUBEREITUNG

Die Vanillestange in kleine Stücke schneiden und unter den Zucker mischen. Vor der Verwendung durchsieben oder die Stücke herausfischen.

LAVENDELZUCKER

6 EL Lavendelblüten
90 g Zucker

ZUBEREITUNG

1. Die Lavendelblüten ungefähr 1 Woche trocknen lassen.
2. Zucker und Lavendel zu einem feinen Pulver vermahlen.

ROSENZUCKER

100 g Rosenblütenblätter
270 g Zucker

ZUBEREITUNG

1. Die Blütenblätter gründlich abspülen und auf Küchenpapier trocknen lassen. Dann Zucker und Rosenblätter zusammen vermahlen. Die Mischung auf einem Blech oder Tablett ausbreiten und noch ein paar Tage trocknen lassen.
2. Den Zucker im Mörser zerstoßen.

LAVENDEL-BISCOTTI

Biscotti gehören zu den besten Gebäcksorten auf der Welt. Es gibt unendlich viele Sorten, sie sind lange haltbar, einfach zu backen und dennoch in ihrer rustikalen Schlichtheit irgendwie edel. Ich würze sie zum Beispiel mit Safran und Rosinen, Apfel und Zimt oder Mandel und Orange. Aber mein absolutes Lieblingsaroma ist Lavendel. Man kann dazu gut den Lavendelzucker der vorherigen Seite benutzen, aber am besten finde ich es, wenn man getrocknete oder frische Lavendelblüten grob hackt, sodass die Kekse eine schöne blaue Marmorierung erhalten.

CA. 60 STÜCK

3 mittelgroße Eier (davon ½ Ei zum Bestreichen aufheben)
180 g Zucker
¼ TL Salz
100 ml Rapsöl
280 g Vollkorn-Dinkelmehl
200 g Weizenmehl plus etwas für die Arbeitsfläche
1 ½ TL Backpulver
2 EL gehackte Lavendelblüten

ZUM BESTREICHEN

½ Ei
1 EL Zucker

ZUBEREITUNG

1. Den Backofen auf 190 °C vorheizen. Eier und Zucker zusammen schaumig rühren. Die restlichen Zutaten zugeben und mit dem elektrischen Rührgerät zu einem krümeligen Teig verrühren. Auf einer leicht bemehlten Arbeitsfläche den Teig durchkneten und in 3 gleich große Stücke aufteilen. Jedes Stück zu einer länglichen Rolle formen, die so lang wie ein Backblech ist. Die Rollen auf ein mit Backpapier ausgelegtes Blech legen.
2. Die Zutaten zum Bestreichen mit 1 EL Wasser verrühren und die Rollen damit großzügig bestreichen.
3. Auf der mittleren Schiene 30 Minuten backen. Dann die Temperatur auf 100 °C reduzieren.
4. Die Rollen ein paar Minuten abkühlen lassen und dann mit einem scharfen Messer schräg in 3–4 cm breite Streifen schneiden. Die Kekse mit der Schnittseite nach oben auf ein Blech legen und im Ofen 50 Minuten trocknen lassen.
5. Den Backofen abschalten und die Biscotti in der Restwärme stehen lassen, bis der Ofen abgekühlt ist. Trocken aufbewahren.

Eine üppig grüne Fensterbank – hübsche und nützliche Vitamine

Während der Wintersaison lassen sich draußen nur wenige Pflanzen, Früchte und Beeren ernten. Dafür hat man aber das ganze Jahr über, egal ob bei Nässe oder Trockenheit, bei Kälte oder Hitze, ein hervorragendes „Anbaugebiet" auf der eigenen Fensterbank. Auf ihr sprießt immerzu junges Gemüse und schenkt uns Würze für unseren Alltag. Viele meiner Lieblingsgewächse wachsen außerdem derart schnell und stecken so voller Vitalstoffe, dass sie uns gesund und munter halten – sogar während der tiefsten Wintermüdigkeit. Sprossen und Keime ergänzen im Winter unseren Vitaminhaushalt, während bei dem im Laden gekauften Gemüse ein Teil der Geschmacks- und Wirkstoffe durch die langen Transportwege ausgelaugt wurde.

Wenn Sie sich Sprossen und Keime aussuchen, um sie zu ziehen, denken Sie daran, dass ihr Geschmack immer dem der ursprünglichen Nutzpflanze ähnelt. Radieschensprossen sind beispielsweise pfeffrig im Geschmack, während Erbsensprossen den milden Geschmack von Zuckererbsen haben.

Mit Sprossen kann man auch wunderbar das Essen garnieren. So sind die Sprossen der Roten Bete nicht nur gesund, sondern dank ihrer intensiven roten Farbe auch überaus dekorativ.

KRESSE UND RUCOLASPROSSEN

Als Kind habe ich wie viele andere auch Kresse gezüchtet; ich habe aber aus irgendeinem Grund damit aufgehört, als ich älter wurde. Nun hat die Retro-Welle das Kresse-Züchten wieder aufleben lassen. Seine würzigen Blätter und Stiele kann man über fast alles streuen – über Butterbrote und Burger, auf Salate, Tartes und Suppen. Probieren Sie auch unbedingt, Rucolasprossen zu ziehen. Sie schmecken wie ausgewachsene Rucola. Streuen Sie dafür Kresse- oder Rucolasamen auf ein angefeuchtetes Küchenpapier oder in einen mit Erde gefüllten Topf, halten Sie ihn feucht und ernten Sie nach 4–5 Tagen oder wenn die Sprossen ca. 5 cm hoch sind. Säen Sie fortlaufend nach, damit Sie immer frische Sprossen zur Hand haben.

ERBSENSPROSSEN

Erbsensprossen wachsen schnell und schmecken köstlich! Weichen Sie getrocknete gelbe Erbsen 1–2 Tage ein. Schütten Sie ein paar Zentimeter Erde auf ein Tablett oder in einen breiten Topf. Gießen Sie das Einweichwasser ab und streuen Sie die Erbsen auf die Erde. Sie sollen dicht an dicht, aber nicht übereinander liegen. Gießen Sie so, dass alles feucht bleibt. Nach ungefähr 1 Woche haben die Erbsen ca. 10 cm lange Sprossen entwickelt und können geerntet werden.

SONNENBLUMENSPROSSEN

Mit Sonnenblumensprossen geht es genauso einfach wie mit Erbsensprossen. Man lässt die Sonnenblumenkerne in einem mit reichlich Wasser gefüllten Glas über Nacht einweichen. Dann wird das Wasser abgegossen und die Kerne bleiben in dem feuchten Glas. Spülen Sie die Kerne einmal täglich durch und gießen Sie das Wasser immer wieder ab, sodass die Sonnenblumenkerne nur feucht bleiben. Nach ein paar Tagen fangen sie an zu keimen und die Schale öffnet sich. Nun streuen Sie die Kerne auf ein Tablett, das mit ein paar Zentimetern Erde bedeckt ist. Täglich so gießen, dass die Kerne feucht bleiben. Wenn die Sprossen ca. 10 cm hoch sind, darf geerntet werden.

SPROSSEN ZIEHEN IM GLAS

Im Glas kann man zum Beispiel Sprossen von Mungbohnen, Linsen, Alfalfa und Roter Bete ziehen. Dazu die Samen in einem ausreichend großen Glas über Nacht einweichen. Am nächsten Morgen das Glas oben mit einem dünnen Tuch oder einem Stück Gaze abdecken und mit Gummiband festspannen. Das Glas umstülpen und das Wasser ablaufen lassen. Das Tuch bleibt dann über der Öffnung gespannt. Das Glas an einen Platz ohne direktes Sonnenlicht stellen, am besten mit einem Küchenhandtuch abgedeckt. Die Sprossen täglich spülen und das Wasser danach ablaufen lassen. Nach weniger als 1 Woche erhält man essbare Sprossen!

Im Handel sind auch besondere Sprossengläser erhältlich, wenn man keine Abdeckung aus Stoff nehmen möchte. Ich selbst benutze einen alten großen Zuckerstreuer, bei dem das Wasser durch die Löcher im Deckel abläuft, sowie ein einfaches Schraubglas, bei dem ich den Deckel mit einem Nagel durchlöchert habe.

SPROSSEN ZIEHEN AUF KÜCHENPAPIER

Kleine Samen wie die von Radieschen, Rettich, Kresse und Rucola eignen sich, um Sprossen auf Küchenpapier zu ziehen. Dazu die Samen über Nacht einweichen und am nächsten Morgen das Wasser abgießen. Einige Lagen Küchenpapier auf einem Tablett auslegen, die Samenkörner daraufstreuen und mit einer Sprühflasche anfeuchten. Jeden Tag einmal das Küchenpapier anheben und das Tablett abspülen. Das restliche Wasser abtropfen lassen und dann das Küchenpapier wieder auf das feuchte Tablett legen. Nach gut 1 Woche sind die Sprossen fertig.

WEIZENGRAS

Weizengras ist eine äußerst gesunde Pflanze, schmeckt aber genau wie Gras. Man kann es also nicht allein servieren oder unter den Salat mischen. Um seine Nährstoffe aufnehmen zu können, trockne ich es daher meist und zermahle es zu Pulver.

Man kann auch auf dem Gras herumkauen und dann die pappigen Fasern ausspucken oder eine Saftpresse benutzen, die frisches Weizengras auspressen kann.

Die ganzen Weizenkörner 1 ganzen Tag einweichen. Dann das Wasser abgießen und den feuchten Weizen einen weiteren Tag im Glas liegen lassen. Einige Zentimeter Erde in einen breiten Topf füllen und die Weizenkörner daraufstreuen. Sie sollen dicht an dicht, aber nicht übereinanderliegen. Gießen Sie so, dass der Weizen immer feucht bleibt. Weizengras wächst unglaublich schnell, sodass es nach einigen Tagen bereits geerntet werden kann. Ich schneide das Gras, wenn es ca. 10 cm hoch ist, lege es auf einem Blech aus und lasse es 1 gute Woche an einem dunklen Platz trocknen. Danach zermahle ich es zu Pulver und gebe 1 TL davon in meinen Saft (siehe Seite 58) oder in meine Smoothies. Nachdem das Gras geschnitten wurde, wächst es zwar weiter, aber nun dauert es erheblich länger. Ich säe mehrfach nach und schneide es nur einmal.

DIE FRISCHE KRÄUTERBANK

Frische Kräuter und Chili benutze ich fleißig beim Kochen. Man braucht sie meist nur in kleinen Mengen, weswegen sie keinen großen Aufzuchtplatz beanspruchen. Sie eignen sich aus diesem Grund vorzüglich für die Fensterbank. Die Pflanzen kann man in Gärtnereien und Lebensmittelläden kaufen oder man zieht sie sich selbst aus Samen. Kräuterpflanzen aus Lebensmittelläden haben oft wenig Platz für Wurzeln in ihrem Topf. Deshalb gedeihen sie besser, wenn man sie umtopft. Dann treiben sie immer wieder neue Blätter. Man kann auch verschiedene Kräutersorten zusammen in einen Topf pflanzen – so bleibt auf der Fensterbank mehr Platz für andere Pflanzen und Blumen.

Wer auch schärferes Essen mag, für den sind ein paar Chilipflanzen eigentlich ein Muss. Ich hebe ganz einfach die Kerne meiner gekauften Chilis auf und drücke sie dann in ein paar Töpfe am Küchenfenster, wo spanischer Pfeffer eng zusammen mit Jalapeños und Habaneros wächst. Die Pflänzchen werden nicht so furchtbar groß, können aber lange beerntet werden und ihre Früchte bringen eine angenehme Schärfe in das Essen.

SCHWARZWURZEL-TARTE MIT BÄRLAUCH

Schwarzwurzeln sind heutzutage seltsamerweise etwas in Vergessenheit geraten. Dabei eignen sie sich gut zum Kochen. Man isst sie mit Soße, man kann Suppe damit zubereiten oder – wie hier – zusammen mit Bärlauch eine Tarte daraus machen. Bärlauch wächst sowohl in meinem Garten als auch im Wald hinter meinem Haus. In manchen Gebieten steht er allerdings unter Naturschutz, weshalb man sich informieren muss, wenn man ihn wild pflücken will.

4–6 PORTIONEN
TEIG

150 g Weizenmehl plus etwas für die Arbeitsfläche
150 g zimmerwarme Butter oder Margarine
1 EL Kartoffelstärke

FÜLLUNG

4 große Schwarzwurzeln
1 großes Bund Bärlauch
200 g Crème fraîche
500 ml Kuhmilch oder vegane Milch
2 Eier
80 g Käse zum Bestreuen

BEILAGE

Erbsensprossen (siehe Seite 51) und Rucolasalat

ZUBEREITUNG

1. Den Backofen auf 200 °C vorheizen. Alle Zutaten für den Teig mit 2 EL Wasser in eine Schüssel geben und mit den Händen oder einem elektrischen Rührgerät schnell zu einem Teig verkneten. 20 Minuten im Kühlschrank ruhen lassen.
2. Die Schwarzwurzeln schälen, in Stücke schneiden und weich kochen – das dauert ca. 20 Minuten. Abgießen. Den Bärlauch fein hacken und mit Crème fraîche, Milch und den Eiern verrühren.
3. Den Teig auf einer bemehlten Arbeitsfläche kreisförmig ausrollen. Eine Tarteform mit ca. 25 cm Durchmesser damit auskleiden. Die überhängenden Teigstücke abschneiden, mit einer Gabel einige Löcher in den Boden stechen und die Form 10 Minuten in den Gefrierschrank stellen.
4. Den Teig 5–7 Minuten vorbacken und dann mit den vorbereiteten Schwarzwurzeln und der Crème-fraîche-Mischung füllen. Den Käse reiben, daraufstreuen und 20 Minuten backen, bis die Tarte eine schöne Farbe hat. Zusammen mit Erbsensprossen und Rucolasalat servieren.

ROTE-BETE-TARTE MIT FETA, HONIG UND THYMIAN

Eine einfache Tarte mit großartigem Geschmack. Sie passt sowohl als Vorspeise als auch als Abendessen unter der Woche. Man muss sie aber unbedingt mit reichlich gerösteten Sonnenblumenkernen servieren – das macht es aus.

CA. 4 PORTIONEN

FÜLLUNG

4 mittelgroße Rote Bete
200 g Feta
200 g Crème fraîche oder Naturjoghurt
1 Ei
½ EL flüssiger Honig
½ TL getrockneter Thymian
½ TL grob gemahlener schwarzer Pfeffer
80 g Käse zum Bestreuen
Sonnenblumenkerne zum Bestreuen

TEIG

150 g Weizenmehl plus etwas für die Arbeitsfläche
150 g zimmerwarme Butter oder Margarine
1 EL Kartoffelstärke

BEILAGE

Erbsensprossen (siehe Seite 51) und Rucolasalat

ZUBEREITUNG

1. Den Backofen auf 200 °C vorheizen. Die Rote Bete 20–30 Minuten in reichlich Wasser kochen, bis sie weich geworden sind. Abkühlen lassen und dann aus der Schale drücken. In dünne Scheiben schneiden.
2. Alle Zutaten für den Teig mit 2 EL Wasser in eine Schüssel geben und mit den Händen oder einem elektrischen Rührgerät schnell verkneten. Den Teig auf einer bemehlten Arbeitsfläche rechteckig oder kreisförmig ausrollen. Eine Tarteform mit ca. 23 cm Durchmesser oder ca. 40 × 15 cm damit auskleiden. Die überhängenden Teigstücke abschneiden, mit einer Gabel einige Löcher in den Boden stechen und die Form 20 Minuten in den Kühlschrank stellen.
3. Dann den Teig 10 Minuten vorbacken.
4. Den Feta zerbröseln und mit Crème fraîche, dem Ei, Honig, Thymian und Pfeffer verrühren. Die Rote-Bete-Scheiben auf dem Boden der Tarte verteilen, mit der Feta-Füllung bedecken. Den Käse reiben und darüberstreuen.
5. Ca. 30 Minuten backen, bis die Tarte eine schöne Farbe hat. Die Sonnenblumenkerne in einer trockenen Pfanne rösten und über die fertige Tarte streuen. Zusammen mit Erbsensprossen und Rucolasalat servieren.

MUNTERMACHER

Seit den Tagen, als mein Vater eine Flasche Ingwersaft für sein schmerzendes Knie geschenkt bekam, gab es zu Hause bei meinen Eltern täglich einen Schuss davon. Denn mit dem Wundertrunk verschwanden nicht nur die Knieschmerzen, sondern er war auch eine Vitaminbombe, die das Immunsystem in Topform bringen konnte. Der Saft verbreitete sich dann unter Nachbarn, der Verwandtschaft, den Kollegen, Freunden, beim Müllmann, beim Zahnarzt und allen, die Schmerzen und irgendwelche Beschwerden hatten. Ich glaube, heute kocht unsere ganze Gegend diesen Ingwersaft.

1 LITER
200 g frischer Ingwer
3 EL Honig
2 Zitronen

ZUBEREITUNG
1. Den Ingwer gründlich waschen und auf einer Reibe grob reiben (er muss nicht geschält werden). In einen Topf geben, 1 l Wasser zugießen und zugedeckt 20 Minuten kochen lassen.
2. Absieben, den Honig zugeben und umrühren, bis er sich aufgelöst hat. Bei Zimmertemperatur abkühlen lassen. Die Zitronen auspressen und den Saft in das Ingwergetränk geben. In eine Flasche mit Korkverschluss gießen und im Kühlschrank aufbewahren. Mindestens 1 Monat haltbar.

GRÜNER SAFT

Im Sommer schlendere ich gern morgens durch den Garten und pflücke mir etwas für einen Saft. Ein geruhsamer Start in den Tag, voller Geschmack und Vitamine. Hier ist mein Grundrezept, bei dem alle Zutaten je nach Belieben, nach Geschmack oder Saison ausgetauscht werden können. Mischen Sie ruhig Obst und Gemüse in verschiedenen Farben, dann erhalten Sie auch unterschiedliche Nährstoffe.

1 GROSSES GLAS
1 Zitrone
1 grüner Apfel
3 cm frischer Ingwer
1 große Handvoll Giersch oder Mangold
1 kräftiger Pfefferminzzweig
2 TL Weizengraspulver (siehe Seite 53)

ZUBEREITUNG
Die Zitrone schälen (die Schale wird nicht verwendet), Apfel und Ingwer gründlich waschen. Alles außer dem Weizengraspulver mit einer Saftpresse entsaften. Je nach Geschmack mit ca. 200 ml Wasser verdünnen und das Weizengraspulver einrühren.

KOHL SÜSSSAUER AUS DEM WOK MIT RHABARBER UND ERBSENSPROSSEN

Rhabarber kennt man eher in Desserts und Kuchen. Aber er passt auch gut in herzhafte Gerichte. Hier habe ich ihn benutzt, um etwas Säure in das Gericht zu bringen. Die Wokpfanne schmeckt aber auch ohne Rhabarber ausgezeichnet.

4 PORTIONEN
100 g Glasnudeln
½ Kopf Weißkohl
2 Möhren
1 rote Paprikaschote
1 Rhabarberstange
2 cm frischer Ingwer
Öl zum Braten
1 EL Sojasoße
Salz

ZUM BESTREUEN
2 EL Sesamsamen
eine Handvoll Erbsensprossen (siehe Seite 51)

ZUBEREITUNG

1. Die Glasnudeln nach Packungsanweisung kochen. Den Weißkohl in Streifen, Möhren und Paprika in kleine Stücke schneiden. Den Rhabarber, wenn nötig, schälen und dann in dünne Scheiben schneiden. Ingwer schälen und fein reiben.
2. Etwas Öl in einem Wok erhitzen, das Gemüse und den Rhabarber zufügen und braten, bis alles weich geworden ist.
3. Ingwer und Sojasoße zufügen, die Nudeln unterrühren und mit Salz abschmecken. Zum Schluss mit Sesam und den Erbsensprossen bestreuen.

CAPRESE-BAGELS MIT GEBRATENEN GRÜNEN TOMATEN

Bagels sind die perfekte Verpflegung für unterwegs. Im Frühsommer, bevor meine Tomaten reif sind, fülle ich die Bagels mit einem Caprese-Salat aus gebratenen grünen Tomaten. Aber in der Hochsaison kommen dann süße Fleischtomaten hinein. Die Bagels können gut eingefroren werden.

12 BAGELS

25 g frische Hefe
2 EL flüssiger Honig
375 g Dinkelmehl
300 g Weizenmehl plus etwas für die Arbeitsfläche
½ EL Salz
Mohn zum Bestreuen

BELAG FÜR 4 BAGELS

50 g Maismehl
Salz und schwarzer Pfeffer
1 Ei
2 grüne Fleischtomaten
Olivenöl zum Braten
250 g Mozzarella
2 Handvoll Basilikumblätter
Sonnenblumensprossen (siehe Seite 51)
Salatblätter

ZUBEREITUNG

1. Die Hefe in eine Schüssel bröckeln, den Honig zugeben und die Hefe damit verrühren, bis sie sich aufgelöst hat. 500 ml handwarmes Wasser zugießen. Das Mehl nach und nach zufügen und den etwas lockeren Teig entweder 5 Minuten in der Maschine oder ca. 10 Minuten mit der Hand durchkneten. Zum Schluss das Salz zugeben.
2. Mit einem Tuch abgedeckt 1 Stunde gehen lassen.
3. Den Teig auf einer bemehlten Arbeitsfläche kurz durchkneten und in 12 Stücke aufteilen. Jedes Stück zu einem runden Brötchen formen. In die Mitte jeweils mit dem Zeigefinger ein Loch bohren und etwas auseinanderziehen, damit das Loch größer wird. Die Teigringe auf ein mit Backpapier ausgelegtes Blech legen und abgedeckt 45 Minuten gehen lassen.
4. Den Backofen auf 200 °C vorheizen. Reichlich Wasser in einem großen Topf aufkochen. Nacheinander jeweils einige Teigringe hineinlegen und 2–3 Minuten kochen. Die Ringe wenden und nochmals kurz kochen. Auf einem sauberen Küchenhandtuch abtropfen lassen. Die Oberseiten mit Mohn bestreuen, während die Ringe noch feucht sind.
5. Die Teigringe auf ein mit Backpapier ausgelegtes Blech legen und auf der mittleren Schiene 20–25 Minuten backen, bis sie goldbraun sind. Abgedeckt auf einem Gitter auskühlen lassen.
6. Das Maismehl mit etwas Salz und Pfeffer mischen. Das Ei leicht aufschlagen. Die Tomaten in Scheiben schneiden, im aufgeschlagenen Ei und danach im Mehl wenden. Eine Pfanne mit reichlich Olivenöl erhitzen. Die Tomaten auf beiden Seiten goldbraun braten. Den Mozzarella in Scheiben schneiden.
7. 4 Bagels aufschneiden und mit Tomaten, Mozzarella, Basilikum, Sonnenblumensprossen und Salatblättern füllen. Nach Belieben noch etwas schwarzen Pfeffer über den Mozzarella streuen.

KICHERERBSEN-BURGER

Die köstlichen Burger genießt man vorzugsweise zusammen mit dem Ketchup hier rechts. Ohne die sonnengetrockneten Tomaten ist es eine perfekte Masse, um damit Falafel-Bällchen zu braten.

8–10 BURGER

200 g getrocknete Kichererbsen
2 Zwiebeln
8 sonnengetrocknete Tomaten in Öl
2 Handvoll fein gehackte Petersilie
30 g Paniermehl
Salz und schwarzer Pfeffer
Öl zum Braten

WEITERE ZUTATEN

8–10 Burgerbrötchen
selbst gekochtes Ketchup
grüne Salatblätter
Sprossen nach Wahl (siehe Seite 52)
Tomatenscheiben
evtl. Coleslaw (amerikanischer Krautsalat)

ZUBEREITUNG

1. Die Kichererbsen über Nacht einweichen und dann über ein Sieb abgießen. Am nächsten Tag ca. 1 Stunde in reichlich Wasser weich kochen.
2. Zwiebeln und sonnengetrocknete Tomaten hacken und mit Kichererbsen und Petersilie vermengen. Paniermehl, Salz und Pfeffer zugeben und alles zu einem gleichmäßigen Teig verarbeiten. Bei Bedarf nachwürzen.
3. Burger formen und in Öl braten, bis sie schön braun sind. Die Burgerbrötchen nach Belieben füllen.

SELBST GEKOCHTES KETCHUP

Im Sommer, wenn die Tomaten am allerbesten sind, koche ich mein Ketchup. Es schmeckt viel intensiver als alle gekauften Produkte.

CA. 300 MILLILITER

8 normalgroße Tomaten
1 Zwiebel
½ kleine Fenchelknolle
2 Knoblauchzehen
2 EL Olivenöl
4 frische Thymianzweige
2 EL feiner Zucker
3 EL Weißweinessig
4 Lorbeerblätter
Salz und schwarzer Pfeffer

ZUBEREITUNG

1. Wasser in einem Topf aufkochen. Tomaten jeweils kreuzförmig unten einschneiden und in das kochende Wasser legen. Einige Minuten kochen lassen und mit einem Schaumlöffel herausholen. Die Tomatenhaut abziehen und die Tomaten in Stücke schneiden.
2. Zwiebel und Fenchel fein hacken, die Knoblauchzehen mit der Messerseite zerdrücken.
3. Einen Topf erhitzen, erst das Öl und dann alle anderen Zutaten hineingeben. Alles 30 Minuten offen köcheln lassen. Die Knoblauchzehen und die Lorbeerblätter herausfischen. Das Ketchup leicht pürieren, abschmecken und nach Belieben nachwürzen. Dann durch ein Edelstahlsieb streichen und in völlig saubere Gläser füllen. Im Kühlschrank hält das Ketchup einige Wochen.

DAL

Wenn der Herbst näher rückt und die Luft kälter und rauer wird, genieße ich diese würzige Suppe und wärme mich damit auf. Ich nehme gern Grünkohl dafür, der voller Nährstoffe steckt, man kann aber auch Spinat, Rucola oder Giersch nehmen. Und natürlich trägt auch noch meine kleine Sprossensammlung von der Fensterbank mit knackigen, gesunden Sprossen bei, wenn die Suppe aufgetischt wird.

4 PORTIONEN
1 Zwiebel
1 Knoblauchzehe
1 kleiner Zucchino
5 Grünkohlblätter
Öl zum Braten
1 EL geriebener frischer Ingwer
2 EL indische Gewürzmischung (siehe rechts)
400–500 g stückige Tomaten
500 ml Gemüsebrühe
160 g grüne Linsen
1 Dose Kokosmilch (400 g)

ZUM SERVIEREN
gemischte Sprossen oder Keime

INDISCHE GEWÜRZMISCHUNG
1 EL gemahlener Kreuzkümmel
1 EL Zimt
1 EL gemahlener Ingwer
2 TL gemahlene Kurkuma
1–2 TL Cayennepfeffer

ZUBEREITUNG
1. Zwiebel und Knoblauch fein hacken. Zucchino und Grünkohl in Stücke schneiden. Etwas Öl in einem Topf erhitzen und Zwiebel, Knoblauch, Ingwer und die Gewürzmischung zufügen. Alles zusammen einige Minuten anbraten.
2. Die stückigen Tomaten, Gemüsebrühe, Linsen, Zucchino und Grünkohl zufügen. Zugedeckt 20–30 Minuten bei schwacher Hitze kochen, bis die Linsen weich sind.
3. Die Kokosmilch unterrühren und die Suppe noch einmal aufkochen lassen. Zusammen mit gemischten Sprossen und Keimen servieren.

KIMCHI

Dieses koreanische Sauerkraut ist eine einfache und schnelle Art, den Kohl mittels Milchsäuregärung einzulegen. Achten Sie aber darauf, dass alle Gefäße, Zutaten und Geräte penibel sauber sind, damit sich nur die richtigen Bakterien vermehren. Normalerweise macht man Kimchi aus Chinakohl, weil ich aber Mengen von Weißkohl ernte, nehme ich stattdessen Weißkohl.

KIMCHI

1 kleiner Weißkohlkopf
1 TL Salz
2 Möhren
10–15 Radieschen
2 EL Reismehl
3–6 EL koreanisches Chilipulver (Gochugaru) oder 1–2 EL Harissa
1 EL japanische Sojasoße
1 EL geriebener frischer Ingwer
1 Knoblauchzehe

ZUBEREITUNG

1. Den Weißkohl in Streifen schneiden, waschen und abtropfen lassen. Dann den Kohl in einer Schüssel mit dem Salz vermischen und mit den Händen durchkneten, bis er ganz weich geworden ist und Flüssigkeit verliert (gilt auch für Chinakohl). Die Möhren schälen und in feine Streifen, die Radieschen in Scheiben schneiden.
2. 150 ml Wasser mit dem Reismehl aufkochen und von der Platte nehmen, sobald die Mischung dick wird. Abkühlen lassen und Chilipulver, Sojasoße, Ingwer und durchgepressten Knoblauch einrühren.
3. Den Kohl in ein Sieb geben und das Salz mit Wasser abspülen. Mit den Radieschen und den Möhren in einer Schale mischen. Die Soße zugeben und gründlich untermischen, bis das ganze Gemüse bedeckt ist.
4. Das Kimchi in ein Glas geben, die Öffnung mit Frischhaltefolie abdecken und den Deckel daraufsetzen. Das Glas bei Zimmertemperatur 2–3 Tage stehen lassen, bis die Flüssigkeit anfängt, Blasen zu werfen. Ab dann im Kühlschrank aufbewahren. Nach 10 Tagen kann das Kimchi gegessen werden. Viele Monate haltbar.

KIMCHI BOKKEUMBAP

2 PORTIONEN
200 g Reis
200 g Kimchi
½ Lauchstange
2 EL Öl
1 Prise Zucker
Salz und schwarzer Pfeffer
80 g Mungbohnensprossen
2 Eier

ZUBEREITUNG

1. Den Reis nach Packungsanweisung kochen. Das Kimchi und den Lauch klein schneiden.
2. Eine Pfanne erhitzen, Öl zugießen, Lauch und Kimchi mit Zucker, Salz und Pfeffer braten, bis der Lauch weich wird. Den Reis zugeben und noch ein paar Minuten weiter braten. Die Mungbohnensprossen untermischen.
3. Die Eier in einer anderen Pfanne braten und zusammen mit der Reispfanne servieren.

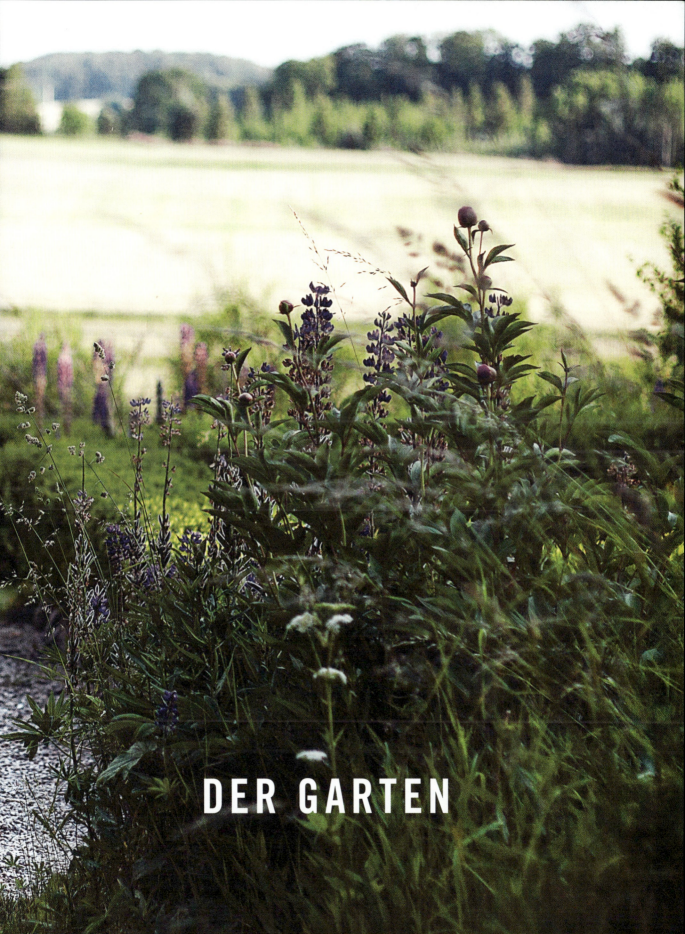

DER GARTEN

Der Garten schenkt – gestern, heute und morgen

In meinem Garten wachsen große Apfel-, Birn- und Kirschbäume. Einige von ihnen stehen seit ungefähr hundert Jahren hier. Sie standen schon während der beiden Weltkriege, dem Untergang der Titanic und der russischen Revolution.

Während all dieser Jahre haben die Bäume denen, die hier lebten, ihre Früchte geschenkt und wahrscheinlich hat auch damals jemand genauso die Ernte in den Vorratskeller geschleppt und in Holzkisten gestapelt, wie ich es heute mache. Der Gedanke daran, dass die alten Arbeitspferde, die früher hier in der Landwirtschaft genutzt wurden, ihre Äpfel genauso knabberten, wie es meine Pferde heute tun, macht mich fast schwindelig. So auch, wenn ich mir vorstelle, wer einmal in hundert Jahren hier ernten und Apfelkuchen backen wird. Dann stehen vielleicht nicht mehr dieselben Bäume hier, aber ich kann jetzt schon dafür sorgen, dass mein Garten auch in Zukunft eine grüne Oase bleiben wird.

Obstbäume und Beerensträucher gehören zu dem Besten, was man in seinen Garten investieren kann. Sie müssen im Frühling nicht vorgezogen und in der Sommerhitze auch nicht ständig gegossen werden. Oft benötigen sie nur wenig Pflege – wenn überhaupt – und schenken uns dennoch Jahr für Jahr ihre Ernte.

Aus schwarzen und einigen roten Johannisbeersträuchern habe ich eine Hecke gepflanzt, ebenfalls einen Apfelbaum mit Gravensteinern, weil es für mich die allerbesten Äpfel sind. Wenn ich irgendwann einmal Zeit habe, will ich eine lange Pergola mit Wein und Hopfen bauen. Auch Sanddorn und Quitte stehen auf meiner Anschaffungsliste.

Mein Wunsch ist es, meine Nachfahren in gleicher Weise mit meinen Lieblingsgewächsen zu verwöhnen wie ich heute von denen, die vor mir hier lebten, verwöhnt werde. Denn wir hinterlassen alle unsere Spuren, nicht nur heute, sondern auch für die zukünftige Generation.

SAFT VON DEN BLÄTTERN DER SCHWARZEN JOHANNISBEERE

Ich habe meist nicht so viele schwarze Johannisbeeren an meinen Sträuchern. Aber es wachsen jede Menge Blätter daran, über die ich mich richtig freue. Denn daraus kann man diesen Saft machen – mein absolutes Lieblingsgetränk für warme Sommertage.

CA. 7 LITER

1,5 l Blätter der schwarzen Johannisbeere (im Messbecher zusammengedrückt abgemessen)
2 Bio-Zitronen
720 g Zucker

ZUBEREITUNG

1. Die Blätter der schwarzen Johannisbeere abspülen. Die Zitronen gut abwaschen und in Scheiben schneiden und mit den Blättern abwechselnd in eine große, hitzebeständige Schüssel legen. 1,5 l Wasser mit dem Zucker aufkochen und umrühren, bis der ganze Zucker sich aufgelöst hat. Die Zuckerlösung kochend über die Blätter gießen. Die Schüssel mit Frischhaltefolie abdecken.
2. Die Schüssel nun 5 Tage kühl stellen und den Inhalt danach durch ein Edelstahlsieb oder ein Tuch abgießen. In Flaschen abfüllen oder einfrieren. Im Kühlschrank einige Wochen, im Gefrierschrank mehrere Monate haltbar. Je nach Geschmack 1:4 mit Wasser verdünnen.

ZITRONEN- UND HOLUNDER-LIMONADE

Dieses Rezept stammt noch von meiner Großmutter. Nachdem ich es einmal ausprobiert hatte, habe ich fast immer einen kleinen Vorrat davon zu Hause. Das Rezept kann je nach Jahreszeit gut variiert werden – man kann zum Beispiel Schlehen, Äpfel oder wie hier Holunder zugeben. Wer es noch weiter abwandeln will, kann auch hervorragend Eistee aus der Limonade machen, siehe Rezept auf der nächsten Seite.

2 LITER

3 Bio-Zitronen
150 g Zucker
15 Holunderblüten
evtl. ½ Rote Bete zum Färben

ZUBEREITUNG

1. Die Zitronen gründlich abwaschen, die äußerste gelbe Schale abschälen und den Saft auspressen. Dann die Schalen, den Saft, den Zucker und die Blüten in eine große, hitzebeständige Schüssel legen. 2 l Wasser aufkochen und direkt darübergießen. Umrühren, bis der Zucker sich aufgelöst hat.
2. Den Sirup ganz abkühlen lassen. Durch ein Tuch abgießen, in Flaschen abfüllen oder einfrieren.
3. Rosa Limonade: ½ Rote-Bete-Knolle schälen und in dünne Scheiben schneiden, diese in den abgekühlten Sirup legen und absieben, sobald die Flüssigkeit die gewünschte Farbe angenommen hat. Je nach Geschmack 1:4 mit Wasser verdünnen.

EISTEE

Im Sommer habe ich fast immer selbst gemachte Limonaden im Haus. Wenn ich sie abwandeln will, mische ich sie mit Tee statt Wasser und erhalte so einen frischen Eistee. Wenn Sie verschiedene Geschmacksrichtungen für Ihren Eistee erhalten wollen, können Sie roten, schwarzen, grünen oder weißen Tee verwenden oder unterschiedlich aromatisierte Limonaden. Statt der Limonade kann man auch seinen Lieblingssaft nehmen, wenn der Eistee nach Erdbeeren oder schwarzen Johannisbeeren schmecken soll.

1 LITER
1 EL Teeblätter
300 ml Limonadensirup (siehe Rezepte auf der vorherigen Seite)
Eiswürfel

ZUBEREITUNG
700 ml Wasser aufkochen. Die Teeblätter hineingeben, umrühren und 1 Minute ziehen lassen. Abgießen und mit dem Limonadensirup mischen. Abkühlen lassen und mit viel Eis gut gekühlt servieren.

GEFRORENE EISBLUMEN

Servieren Sie kalte Getränke mit Eiswürfeln, in die Sommerblumen oder Kräuter eingefroren sind. Sie geben dem Getränk einen leichten Geschmack und sehen im Glas dekorativ aus. Sammeln Sie essbare Blüten und Kräuter, legen Sie sie in Eiswürfelschalen und füllen Sie Wasser darauf. Im Gefrierschrank stehen lassen, bis sie durchgefroren sind.

ESSBARE BLUMEN

Wenn Natur und Garten im Sommer von Früchten und Beeren überschüttet werden, vergessen wir leicht, uns um all die wohlschmeckenden Blumen zu kümmern. Vielleicht scheut man sich auch, sie abzuschneiden, weil man sie lieber blühend im Garten bewundern will? Dann sollte man aber bedenken, dass man die Blütezeit häufig verlängern kann, indem man die Blumen schneidet. Ich habe meist noch bis in den November hinein blühenden Lavendel, weil ich die Blüten immer wieder schneide.

Holunderblüten sind vielleicht die beliebtesten und am meisten verwendeten Blüten in der Küche, aber auch die Blüten von Rosen, Veilchen, Kapuzinerkresse, Frauenmantel, Traubenkirschen, Ringelblumen, Löwenzahn, Gänseblümchen, Flieder, Kamille, Schafgarbe, Taubnessel, Lavendel, Schnittlauch und Salbei sind wunderbare Zutaten.

Aus den Traubenkirschenblüten koche ich einen Saft, mit dem ich Kuchen aromatisiere (siehe Seite 138), aus Löwenzahnblüten mache ich Marmelade (siehe Seite 88) und Kräuterblüten wie die von Lavendel, Kamille und Schafgarbe eignen sich gut für Tee (siehe Seite 39). Alle essbaren Blüten können außerdem einen Sommersalat oder einen saftigen Kuchen schön verzieren.

Als Kind habe ich es geliebt, die Blüten der Taubnesseln zu essen. Neulich entdeckte ich, dass die Hühner die kleinen gelben Blüten des Frauenmantels picken, die süß nach Nektar schmecken. Und weil der Frauenmantel überall im Garten verwildert wächst, bleibt auch für mich noch etwas übrig, was ich sammeln und trocknen kann und über Grütze und Joghurt streue.

BIRKENSAFT ZAPFEN

Es hat fast etwas Magisches, wenn im Frühjahr der Boden nicht mehr gefroren ist und in den Birken der Saft zu steigen beginnt. Dann ist es in Nord- und Osteuropa, wo die meisten Birken wachsen, eine uralte Tradition, den Birkensaft zu zapfen. In früheren Zeiten war der vitaminreiche Birkensaft eine wichtige Nährstoffergänzung während der sonst so vitaminarmen Monate im Jahr. Mensch und Vieh durften ihn trinken. Daher wundert es vielleicht nicht, dass Birkensaft einst als etwas Spirituelles angesehen wurde.

Während des Sommers legt die Birke Nährstoffvorräte für die nächste Wachstumsperiode an. Wenn dann zum Frühjahr hin der Bodenfrost aufhört und die Baumwurzeln wieder Wasser aus dem Boden ansaugen können, steigt diese Mischung aus Nährstoffen und Wasser im Stamm auf, um bis zur Krone und zu den Blattknospen vorzudringen. Ungefähr einen Monat lang, zwischen dem Ende des Bodenfrosts und dem Ausschlagen der Blätter, steigt dieser Saft im Stamm. Das ist die richtige Zeit, um Birkensaft zu zapfen. In einem Jahr war ich einmal zu spät dran und versuchte, an einer Birke zu zapfen, die bereits anfing auszuschlagen. Die Birke gab zwar noch etwas Saft, aber der war lange nicht so wohlschmeckend, sondern eher bitter und muffig. Es lohnt sich also, rechtzeitig draußen zu sein und auf den Wechsel der Natur zu achten.

Man kann den Saft entweder abzapfen, indem man ein Loch unter die Rinde bohrt oder indem man einen Ast absägt. Dabei ist es wichtig, vorsichtig vorzugehen, damit man eine gute Ausbeute hat und der Baum gleichzeitig durch den Eingriff nicht beschädigt wird. Wer keine eigenen Birken besitzt, sollte sich im Voraus erkundigen, ob und wo man in der näheren Umgebung Birken anzapfen darf. Der frisch gewonnene Saft sollte innerhalb von 5 Tagen verbraucht sein. Ansonsten kann man ihn aber auch gut einfrieren und später verwenden.

LÖCHER BOHREN

In den unteren Teil des Baumstamms, ca. 50 cm über dem Boden, bohrt man ein 7–8 mm großes Loch. Je nach Dicke des Baumstamms kann man unterschiedlich tief hineinbohren, aber 3–5 cm ist meist ausreichend. Es fängt dann sofort an zu rinnen, sodass man sich zur richtigen Tiefe vortasten kann. Ob es eine alte Weisheit oder nur Aberglaube ist, weiß ich nicht, aber ich habe einmal gelernt, Birken immer an ihrer Südseite anzuzapfen.

* Schieben Sie einen Schlauch mit demselben oder einem etwas geringeren Durchmesser als das Bohrloch in die Stelle und stecken Sie das andere Ende des Schlauchs in einen Plastikbehälter. Stopfen Sie eventuell rund um das Loch etwas Moos, falls es leckt.

* Zapfen Sie die Birke 1 oder maximal 2 Wochen lang an. Leeren Sie täglich den Behälter.

* Schnitzen Sie einen Holzzapfen im selben Durchmesser wie das Bohrloch. Drücken Sie etwas Moos oder Lehm in das Loch und verschließen Sie es mit dem Zapfen. Der Baum heilt sich mit der Zeit selbst.

EINEN AST ABSÄGEN

Es ergibt zwar nicht genauso viel Flüssigkeit, wenn man einen Ast absägt, um Birkensaft zu zapfen, aber es macht auch dem Baum noch weniger aus. Bei so kleinen Eingriffen heilt der Baum sich selbst und hört nach einigen Tagen wieder auf zu „bluten". Ansonsten kann man auch versuchen, die Schnittstelle am Ast mit etwas Lehm zu „verpflastern", wenn man die gewünschte Menge Saft gewonnen hat.

* Sägen Sie einen Ast mit 2–3 cm Durchmesser ab, stecken Sie das Astende in eine Plastikflasche und binden Sie es fest. Leeren Sie die Flasche, wenn sie voll ist.

BIRKENBLÄTTER-LIMONADE

Wenn im Frühling die Birkenblätter sprießen, pflücke ich mir eine Portion, um damit Tee zu kochen oder um Birkenblätter-Limonade zu machen. Die Blätter schmecken nicht nach sehr viel, haben aber ein frühlingsfrisches Aroma – ähnlich wie grüner Tee. Birkenblätter benutzt man häufig bei Detox-Entschlackungskuren, weil sie das Immunsystem stärken. Man kann sich also gut damit eindecken und für die Erkältungszeiten in Herbst und Winter einen Vorrat einfrieren.

6–8 LITER TRINKFERTIGE LIMONADE

2 l junge Birkenblätter (im Messbecher zusammengedrückt abgemessen)
3 Bio-Zitronen
180 g Zucker

ZUBEREITUNG

1. Die Blätter gut abspülen und eventuelle Erd- und Holzreste aussortieren. Die Zitronen gut abwaschen, die äußerste gelbe Schale abschälen und dann den Saft auspressen.
2. Die Blätter mit der Zitronenschale, dem Saft und dem Zucker in einer hitzebeständigen Schüssel mischen. 2 l Wasser aufkochen und in die Schüssel gießen. Umrühren, bis der ganze Zucker sich aufgelöst hat und alles gut vermischen. Durchziehen lassen, bis alles bei Zimmertemperatur abgekühlt ist.
3. Durch ein Tuch passieren. In Flaschen abfüllen oder in Bechern einfrieren. Im Kühlschrank einige Wochen haltbar, gefroren mehrere Monate. Nach Geschmack mit Wasser oder Birkensaft 1:3 verdünnen.

TOPFBROT MIT BIRKENSAFT

Birkensaft schmeckt nicht nur in Getränken, sondern man kann ihn auch gut als Flüssigkeit beim Backen verwenden. Dieses Brot backe ich gern mit Birkensaft, man kann aber auch einfach Wasser dazu nehmen. Bei Hefeteigen gibt es kein Gewürz oder Aroma, das die Stunden oder Tage der Reifezeit ersetzen könnte. Diese lange Reifezeit bewirkt, dass das Brot sein gutes Aroma und die knusprige Kruste bekommt. Geizen Sie also nicht mit der Zeit, auch wenn der Teig schnell zu doppelter Größe aufgeht.

1 BROT

50 g frische Hefe
350 ml Birkensaft (bei Zimmertemperatur; siehe Seite 84) oder Wasser
350 g Weizenmehl plus ca. 50 g Weizenmehl für die Arbeitsfläche
1 EL Salz
50 g Weizenkleie für die Arbeitsfläche
etwas Öl zum Bestreichen

ZUBEREITUNG

1. Die Hefe in eine Schüssel bröckeln und mit etwas Birkensaft verrühren. Den restlichen Birkensaft, Mehl und Salz zugeben und alles ca. 5 Minuten zu einem glatten, lockeren Teig kneten. Die Schüssel mit Frischhaltefolie abdecken und den Teig mindestens 15 Stunden bei Zimmertemperatur gehen lassen.

2. Den Teig auf eine gut mit Mehl und Kleie bestreute Arbeitsfläche legen. Mehl und Kleie einarbeiten, bis der Teig gut durchgeknetet ist und nur leicht klebt. Zu einem länglichen Laib formen und zugedeckt 1 Stunde gehen lassen. Benutzen Sie gern einen Brotbackkorb, denn darin behält der Teig besser seine Form und kann leichter in den Topf gestülpt werden. Einen ofenfesten Topf ohne Deckel leer in den kalten Backofen stellen, wenn noch ca. 30 Minuten Gehzeit verbleibt. Den Backofen auf 225 °C vorheizen.

3. Wenn der Backofen aufgeheizt ist, den Topf aus dem Ofen nehmen, mit etwas Öl ausstreichen und den Brotteig hineinstürzen. Den Topf ohne Deckel in den Ofen zurückstellen und das Brot ca. 1 Stunde backen. Den Topf aus dem Ofen nehmen und etwas abkühlen lassen, bevor das Brot gestürzt wird. Das Brot ohne Tuch auf einem Gitter auskühlen lassen.

LÖWENZAHN-KONFITÜRE

Einige Jahre lang hat man das Ackerland in dem Tal vor meinem Haus nicht beackert, sondern als Kuhweide genutzt. Im Frühsommer färbte sich die grüne Wiese dann mit dem blühenden Löwenzahn komplett gelb – und sah fast aus wie ein Rapsfeld in voller Blüte. Selten hatte ich eine so schöne Aussicht und man merkte natürlich überhaupt nicht, wenn ich mir einige Blüten pflückte, um Konfitüre zu kochen. Welch ein liebenswertes Unkraut!

CA. 300 GRAMM KONFITÜRE

500 ml Löwenzahnblüten (mit einem Messbecher abgemessen)
1 Bio-Limette
1 Bio-Zitrone
270 g Gelierzucker

ZUBEREITUNG

1. Die gelben Blütenblätter aus den Blüten zupfen und in eine hitzebeständige Schüssel legen. Die Zitrusfrüchte gut waschen und die äußere Schale abschälen. Die Schale in feine Streifen schneiden und zur Seite stellen.
2. Die geschälte Limette in Scheiben schneiden und zu den Blütenblättern geben. 500 ml Wasser aufkochen und in die Schüssel gießen. Alles zusammen ziehen lassen, bis die Flüssigkeit ganz abgekühlt ist.
3. Die Flüssigkeit in einen Topf abgießen. Gelierzucker und Zitrusschalen zufügen. Aufkochen und 20 Minuten offen köcheln lassen – dabei gelegentlich umrühren. Gut abschäumen. Die Flüssigkeit in saubere Gläser mit Deckel füllen. Es kann einige Tage dauern, bis die Konfitüre fest geworden ist.

FRÜHSTÜCKSBRÖTCHEN FRISCH VOM BLECH

Meine allerbesten Frühstücksbrötchen stecken voller Ballaststoffe und sind morgens im Nu fertig. Alle Vorbereitungen erledigt man bereits am Vorabend. Nach dem Wachwerden muss man die Brötchen dann nur noch backen.

CA. 10 BRÖTCHEN

200 ml Kuhmilch oder vegane Milch
35 g Hefe
2 EL Olivenöl
2 EL flüssiger Honig
75 g Apfel oder Möhre
300 g Weizenmehl plus etwas zum Bestreuen
360 g feines Roggenmehl
30 g Weizenkleie
60 g Leinsamen
1 EL Salz
evtl. 2 EL Chia-Samenkörner

ZUBEREITUNG

1. Die Milch mit 300 ml Wasser handwarm in einem Topf erwärmen. Die Hefe in eine Schüssel bröckeln, Öl, Honig und die erwärmte Flüssigkeit zugießen und die Hefe darin verrühren, bis sie sich aufgelöst hat. Apfel oder Möhre fein reiben. Mit allen restlichen Zutaten zu einem geschmeidigen Teig verarbeiten.
2. Den Teig abgedeckt bei Zimmertemperatur 45 Minuten gehen lassen, bis er die doppelte Größe hat. Dann in der Schüssel oder auf einer bemehlten Arbeitsfläche durchkneten und in eine mit Backpapier ausgelegte Form von ca. 25 × 30 cm drücken. Mit Frischhaltefolie abdecken. Weitere 30 Minuten bei Zimmertemperatur gehen lassen und dann über Nacht in den Kühlschrank stellen.
3. Den Backofen auf 220 °C vorheizen. Den Teig mit einem Messer oder einem Teigschaber in 10 Rechtecke zerteilen. Etwas Mehl darüberstreuen und 20 Minuten backen. Die Brötchen mit einem Tuch abgedeckt auf einem Gitter auskühlen lassen.

DER GARTEN

ZITRONENTARTE MIT RHABARBER

Ich liebe Saures und esse auch gern Zitronenstücke wie jedes andere Obst. Daher wundert es nicht, dass eine klassische Zitronentarte für mich das beste Dessert ist. In diesem Rezept habe ich noch einen anderen säuerlichen Kollegen untergebracht – Rhabarber.

CA. 8 STÜCKE
TEIG
175 g Weizenmehl plus etwas für die Arbeitsfläche
150 g weiche Butter oder Margarine
1 EL Kartoffelstärke

FÜLLUNG
135 g Zucker
2 gestr. EL Maisstärke
2 Handvoll geschälter und in kleine Stücke geschnittener Rhabarber
Saft und abgeriebene Schale von 2 Bio-Zitronen
4 Eigelb
30 g Butter

BAISER
4 Eiweiß
90 g Zucker

ZUBEREITUNG

1. Den Backofen auf 175 °C vorheizen. Alle Zutaten für den Teig mit 1 EL kaltem Wasser in einer Schüssel mischen und mit den Händen oder einem Rührgerät zu einem Teig verkneten. Den Teig auf eine bemehlte Arbeitsfläche legen und kreisförmig ausrollen. Eine Tarteform von ca. 23 cm Durchmesser mit dem Teig auslegen. Überstehende Teigreste abschneiden, mit einer Gabel einige Löcher in den Boden stechen und die Form 20 Minuten in den Kühlschrank stellen. Den Boden dann 10 Minuten vorbacken.

2. 250 ml Wasser, Zucker, Stärke, Rhabarber, Zitronensaft und Zitronenschale in einen Topf geben und einige Minuten unter Rühren aufkochen. Von der Platte nehmen und die Eigelbe unterrühren. Wieder auf die Platte stellen und unter weiterem Rühren vorsichtig einige Minuten erhitzen. Die Butter unterziehen und die Creme etwas abkühlen lassen.

3. Für das Baiser die Eiweiße zu festem Schnee schlagen, Zucker zugeben und weiter verrühren, bis eine steife Baisermasse entsteht.

4. Die Creme gleichmäßig auf dem Tarteboden verteilen und mit der Baisermasse überziehen. Ca. 20 Minuten backen, bis das Baiser leicht gebräunt ist. Die Tarte auf Zimmertemperatur abkühlen lassen oder gekühlt essen.

Großmutters Flickendecken

In unserer Familie decken wir im Sommer draußen den Gartentisch mit Flickenteppichen, oder besser gesagt mit „Flickendecken". Denn irgendwann war unsere Großmutter es leid, dass die flatterigen Leinentischdecken vom Tisch wehten oder in der Erdbeermarmelade landeten. In ihrer Webstube in Österlen webte sie sich Flickendecken, die nicht so leicht davonflogen. Ich finde sie hinreißend – außerdem sind sie robust und nehmen nichts krumm. Und zwischen all den Mustern und Streifen sieht man auch die Saftflecke von unseren vielen Festen nicht. So etwas Schönes gibt es heute gar nicht mehr!

DER GEMÜSEGARTEN

Werden Sie zum Selbstversorger – und lernen Sie Ihre Nahrungsmittel kennen

Aufgewachsen zwischen Apfelplantagen und Kornfeldern mitten in der Kornkammer Schwedens, noch dazu mit einem Bauernsohn als Vater, ist es nicht ganz so überraschend, dass ich ebenfalls die Gummistiefel angezogen habe und mein eigener Gemüsebauer geworden bin. Das könnten viele meistern und es würde ihnen guttun. Sich selbst versorgen – das hört sich vielleicht etwas abgehoben an. Aber ich glaube, dass derjenige, der etwas Essbares nach seinem eigenen Geschmack anbaut und erntet, dabei einen Mehrwert empfindet. Ein Erbe, mit dem die Menschheit seit Jahrtausenden lebt, Wachstum, der verzaubert und das Erstaunen darüber, dass aus einem kleinen Samenkorn eine Pflanze wächst, die mich später satt machen wird.

Mir gefällt der Gedanke, dass ein Garten wie ein eigenständiger kleiner Kreislauf funktioniert. Im Frühjahr dünge ich meine Pflanzen sowohl mit dem Mist der Hühner und Pferde als auch mit Komposterde. Im Sommer nehme ich dazu Rasenschnitt oder Brennnesseljauche. Das Düngen trägt zu fruchtbarer Erde bei, in der die Samen aufgehen und die Pflanzen gut wachsen – und so Nahrung für mich und meine Tiere bieten. Denn was ich nicht selbst esse, das gebe ich meinen Hühnern und manchmal auch den Pferden. So bekommen die Hühner Kartoffelschalen, das Kraut der Möhren und das

Kerngehäuse der Äpfel. Aus dem Gemüseabfall wird so wieder Dünger, der wiederum zum Nährstoff für die Erde wird.

Auf diese Weise entsteht ein äußerst fruchtbarer Kreislauf. Ich habe dabei für meinen kleinen eigenen Teil eingesehen, wie wichtig der Umweltgedanke und die Qualität eines jeden Gliedes in diesem Kreislauf ist. Denn wenn man Gift im Garten hat, bekommt man es auch in die Küche, in den Körper und natürlich auch in die Tiere, die dann wiederum keinen giftfreien Dünger für den Anbau im nächsten Jahr geben können …

Wenn ich im Gemüsegarten einmal zu viel habe, lasse ich gern ein paar Pflanzen bis zur Blüte stehen und erhalte so neuen Samen für die nächste Saison. Den Rest schleppe ich in Holzkisten in den Vorratskeller. Dort kann er die nächsten Monate lagern und ich habe sogar während der kargen Wintermonate selbst gezogenes Gemüse.

QUER DURCH DEN GARTEN

Für diese Suppe nimmt man das beste Gemüse, das die Saison gerade bietet – von allem etwas! Dabei kann die Suppe ganz unterschiedlich ausfallen, je nachdem, wann man sie zubereitet, wo man lebt und welche Zutaten man gerade hat. Ich mache sie am liebsten im Sommer mit den kleinen, ausgelichteten Möhren und wenn meine Bohnen und Erbsen reif sind.

4–6 PORTIONEN
1 Blumenkohl
200 g kleine Möhren
20 cm Lauchgrün
1 l Gemüsebrühe
100 g gepulte dicke Bohnen
100 g Zuckererbsen
100 g grüne Erbsen
100 g Wachsbohnen
4 EL Weizenmehl
500 ml Kuhmilch oder vegane Milch
100 g Sahne
1 Handvoll gehackte Petersilie
Salz und schwarzer Pfeffer

ZUBEREITUNG

1. Den Blumenkohl in kleine Röschen zerteilen, die Möhren in Stücke und den Lauch in Ringe schneiden.
2. Die Gemüsebrühe aufkochen und Blumenkohl, Möhren, Lauch und die dicken Bohnen hineingeben. Ca. 10 Minuten zugedeckt kochen lassen. Alle Erbsen zusammen mit den Wachsbohnen zugeben und noch ein paar Minuten weiter kochen lassen.
3. Das Mehl in etwas Milch anrühren und dann die Suppe damit andicken. Restliche Milch, Sahne und Petersilie zufügen. Noch einmal aufkochen und mit Salz und Pfeffer abschmecken.

RATATOUILLE

Das französische Eintopfgericht Ratatouille ist ein Grundpfeiler meiner Küche. Ich koche gern eine große Portion, an der ich mehrere Tage essen kann, variiere dann aber die Zutaten.

4–6 PORTIONEN

2 Zwiebeln
2 Zucchini
1 Aubergine
1 Paprikaschote
Olivenöl zum Braten
Salz und schwarzer Pfeffer
400 g stückige Tomaten

ZUBEREITUNG

1. Die Zwiebeln fein hacken und das restliche Gemüse in grobe Stücke schneiden. Alles zusammen in einem Schmortopf mit etwas Olivenöl braten, salzen und pfeffern.
2. Wenn das Gemüse anfängt, weich zu werden und etwas angebraten ist, rührt man die stückigen Tomaten unter. Das Ratatouille im Topf dann 20 Minuten offen köcheln lassen und mit Salz und Pfeffer abschmecken.

GRATINIERTE ARTISCHOCKEN

Mit ihren großen, charakteristischen Blättern sind die Artischocken einer meiner absoluten Favoriten im Gemüsebeet. Sie werden noch schöner, wenn sie ihre Blütenstände bilden – den später essbaren Teil der Pflanze. Ich lasse meine Artischocken gern als Blickfang in einem eigenen Beet stehen, weil ich finde, dass sie wunderschöne Gewächse sind, die es jederzeit mit Pfingstrosen und Lilien aufnehmen können! Dass sie außerdem so außerordentlich gut schmecken, ist ein zusätzlicher Pluspunkt. Am allerbesten schmecken sie so wie hier – mit kräftigem Käse überbacken und Zitronensaft dazu. Ein perfektes kleines Mittagessen, am besten mit jemandem zusammen, mit dem man sich lange unterhalten möchte – denn für dieses Essen braucht man etwas Zeit.

4 PORTIONEN

3 Scheiben helles Brot vom Vortag
1 Knoblauchzehe
80 g Parmesan
3 EL Olivenöl
1 TL fein gehackter frischer Rosmarin
2 Prisen schwarzer Pfeffer
4 Artischocken
Saft von ½ Zitrone
1 Handvoll fein gehackte glatte Petersilie

ZUBEREITUNG

1. Den Backofen auf 180 °C vorheizen.
2. Das Brot fein zerbröseln, Knoblauchzehen durchpressen, Parmesan reiben. Brotkrumen, Knoblauch, Parmesan, Öl, Rosmarin und schwarzen Pfeffer mischen.
3. Die Artischocken vorbereiten, indem man die äußeren Blätter durch Drehen löst und die Spitzen der anderen Blätter abschneidet. Die Artischocken dann längs teilen. Den haarigen Mittelteil (das sogenannte Heu) mithilfe eines Teelöffels ausschaben und die inneren Blätter losdrehen.
4. Die Artischockenhälften mit der Brotmischung füllen und in eine Auflaufform legen. Einige Zentimeter hoch Wasser in die Form gießen.
5. Die Artischocken ca. 40 Minuten im Ofen backen, bis sich die Blätter leicht lösen lassen.
6. Den Zitronensaft mit Petersilie mischen und über die Artischocken geben, wenn sie aus dem Ofen kommen. Dann den unteren weichen, fleischigen Teil der Blätter aussaugen und danach den Artischockenboden essen. Lassen Sie sich Zeit, unterhalten Sie sich und genießen Sie es!

OMAS FALSCHE FISH N' CHIPS

Meine Großmutter war eine richtige Bauersfrau, die viele Kinder und einen großen Hof zu versorgen hatte. In der Küche musste sie dabei manchmal etwas tricksen, damit alle satt wurden. Bis heute redet man über ihren „falschen Fisch". Dahinter verbirgt sich einfach eine Art gebratener Grießbrei mit einer Zwiebelpanade. Damit es besonders knusprig wird, habe ich Panko statt normalem Paniermehl verwendet. Außerdem gibt es bei mir noch Chips dazu.

4 PORTIONEN
OMAS FALSCHER FISCH
200 ml Kuhmilch oder vegane Milch
60 g Weizengrieß
½ TL Salz
1 Ei
60 g Panko (japanisches Paniermehl)
1 Handvoll fein gehackte Zwiebel

CHIPS
750 g Süßkartoffeln
Öl zum Frittieren
Salz

BEILAGEN
150 g grüne Erbsen
100 g Zuckererbsenschoten
Petersilie
1 Zitrone
Frischkäsecreme mit Kräutern (siehe Seite 34) oder eine andere kalte Soße

ZUBEREITUNG

1. Eine Form von ca. 15 x 20 cm mit Frischhaltefolie auskleiden.
2. Milch mit 200 ml Wasser in einem Topf aufkochen. Den Grieß und das Salz einstreuen und einige Minuten köcheln lassen. Die Mischung in die Form gießen. Abkühlen lassen und in Stücke schneiden.
3. Das Ei in einem tiefen Teller schaumig verquirlen. Panko und die Zwiebeln in einer Schale mischen und etwas Wasser darüberträufeln. Die Grießschnitten erst in dem Ei, dann in der Pankopanade wenden und kurz zur Seite legen.
4. Die Süßkartoffeln gründlich unter Wasser schrubben und in gleichmäßige, dünne Stifte schneiden. Das Öl in einem Topf mit hohem Rand oder in einer Fritteuse erhitzen und die Süßkartoffeln nach und nach frittieren, bis sie eine schöne Farbe angenommen haben. Mit einem Schaumlöffel herausnehmen und auf Küchenpapier abtropfen lassen. Salzen.
5. Den falschen Fisch nacheinander im selben Öl frittieren, bis die Stücke goldbraun sind.
6. Sofort zusammen mit grünen Erbsen, Zuckerschoten, Petersilie, Zitronenspalten und einer kalten Soße servieren.

DICKE-BOHNEN-FRIKADELLEN

Bei einem Mittsommerfest tischte meine Tante herrliche Mandelfrikadellen auf. Seitdem habe ich ihr Rezept immer wieder für alle meine verschiedenen Bohnen-Frikadellen abgewandelt. Hier habe ich die Mandeln gegen Sonnenblumenkerne ausgetauscht sowie Dicke Bohnen und Bärlauch dazugegeben. Die Frikadellen passen sowohl zu Ratatouille und Pasta gut als auch mit Soße zu Kartoffeln oder zu einer dampfend heißen Suppe.

CA. 30 FRIKADELLEN

100 g gepulte Dicke Bohnen
100 g Sonnenblumenkerne
60 g Käse
1 Handvoll fein gehackter Bärlauch oder Zwiebel
30 g Paniermehl
3 Eier
1 EL Salz
½ TL schwarzer Pfeffer
½ TL gemahlener Kreuzkümmel
1 l Gemüsebrühe
Öl zum Braten

ZUBEREITUNG

1. Dicke Bohnen und Sonnenblumenkerne zusammen im Mixer fein zermahlen. Den Käse reiben. Alle Zutaten bis auf Gemüsebrühe und Öl mit 1 EL Wasser vermischen und daraus teelöffelgroße Bällchen formen (sie gehen beim Kochen noch etwas auf).
2. Die Gemüsebrühe aufkochen, die Frikadellen hineingeben und ca. 5 Minuten kochen – wenn die Frikadellen an die Oberfläche kommen, sind sie gar. Etwas abtropfen lassen und dann in Öl braten, bis sie eine schöne Farbe annehmen.

PÄCKCHEN MIT WURZELGEMÜSE, BELUGALINSEN UND KOKOS

Es macht Spaß, gefüllte Päckchen aus Backpapier im Ofen zu backen. Der Eigengeschmack der Gemüsesorten bleibt dabei gut erhalten. Außerdem sieht es nett aus, wenn man sie serviert und jeder sein Päckchen aufknoten darf. Man kann sie einfach pur essen oder zusammen mit den Dicke-Bohnen-Frikadellen.

4 PORTIONEN
8 Kartoffeln
4 rot-weiß geringelte (Tondo di Chioggia) oder gelbe Bete
6 Frühlingszwiebeln
2 Selleriestangen
4 getrocknete Limettenblätter
½–1 Chilischote
Salz und schwarzer Pfeffer
65 g Belugalinsen
1 Dose Kokosmilch (400 g)
Backpapier und Küchengarn für die Päckchen

ZUBEREITUNG
1. Den Backofen auf 200 °C vorheizen. Die Kartoffeln und die Bete schälen und in dünne Scheiben schneiden. Die Frühlingszwiebeln und den Sellerie in Streifen schneiden und das Gemüse mit den Limettenblättern, der fein gehackten Chilischote, Salz und Pfeffer vermischen.
2. Die Linsen auf 4 ganzen Blättern Backpapier verteilen, die Gemüsemischung darauf verteilen, an den Papierrändern auffalten und die Kokosmilch in die Päckchen verteilen. Jedes Päckchen mit einem Stück Küchengarn zuschnüren. Die Päckchen in eine Auflaufform legen und im Ofen 30 Minuten backen.

MIT HONIG GLASIERTER FENCHEL MIT AIOLI

Ich habe Nachbarn und Bekannte, die Imker sind. Von ihnen beziehe ich flüssigen Sommerhonig, milden Rapshonig und auch den Hochsommerhonig, der so intensiv schmeckt, dass einem von einem Teelöffel schon die Luft wegbleibt. Ich verwende den Honig gern, um verschiedenes Gemüse damit zu glasieren – wie diesen Fenchel. Man kann ihn als Vorspeise oder als Beilage innerhalb einer größeren Mahlzeit servieren.

4 PORTIONEN

2 große Knollen Fenchel
2 EL Butter
2 EL Olivenöl
2 EL Honig
1 EL Kümmel
Salz und schwarzer Pfeffer

AIOLI

2 Eigelb
2 Knoblauchzehen
150 ml neutrales Öl
1 EL frisch gepresster Zitronensaft
Salz

ZUBEREITUNG

1. Das Fenchelgrün abschneiden und zum Garnieren zur Seite legen. Die Fenchelknollen längs in zentimeterdünne Scheiben schneiden. Butter und Öl in einer Pfanne erhitzen, die Fenchelscheiben hineinlegen und portionsweise goldbraun braten. Danach die gebratenen Scheiben auf einen Teller legen.

2. Honig und die Gewürze in der Pfanne mischen – eventuell etwas Butter zugeben, falls die Pfanne zu trocken ist. Die Mischung 1 Minute aufkochen und dann den Fenchel hineinlegen. Noch ein paar Minuten von jeder Seite braten. Vor dem Servieren etwas abkühlen lassen.

3. Die Eigelbe für die Aioli in eine kleine Schüssel geben. Den Knoblauch durchpressen, dazugeben und mit den Eigelben verrühren, am besten mit einem Rührgerät. Unter Rühren langsam das Öl in die Schüssel träufeln, den Rest in einem feinen Strahl während des Rührens zugießen. Mit Zitronensaft und Salz abschmecken.

4. Etwas Aioli auf die Fenchelscheiben geben, mit dem Fenchelgrün garnieren und servieren.

Sammeln, geben und erhalten

Ob man auf großen Feldern anbaut oder nur im Topf auf dem Balkon – man sollte nie vergessen, auch Samen zu sammeln. Auf diese Weise kann man Jahr für Jahr wieder sein liebstes Gemüse, die besten Gewächse und Blumen anpflanzen. Man schafft sich einen Kreislauf, der einen zum Selbstversorger macht – nicht nur bei den Nahrungsmitteln, sondern auch beim Samen. Ich sammle beispielsweise von allem etwas Samen, vom Kürbis und den Artischocken bis zu allen möglichen Bohnensorten und Wurzelgemüsen wie Schwarzwurzeln, Möhren und Petersilienwurzeln.

Eine andere Art, seine Pflanzen zu vermehren, ist das Teilen. Mit der Zeit wachsen nämlich einige Pflanzen so stark, dass es besser für sie ist, wenn man sie teilt.

Stecklinge zu schneiden ist eine dritte Art, um neue Pflanzen zu erhalten. Meine Großmutter und ich tauschen immer Geranienstecklinge untereinander und jedes Jahr pflanzen wir einen Armvoll neues Efeu und Sedum im Garten. All diese zusätzlichen Pflanzen kann man weitergeben, wenn der Platz auf dem eigenen Grundstück nicht mehr ausreicht. Es gibt nicht viel, was so viel Freude zum Verschenken und als Geschenk bereitet. Auf diese Art und Weise bin ich zu der großen Vielfalt an Gewächsen in meinem Kräuterbeet gekommen. Im Frühling erhalte ich manchmal sogar von Sigvard, dem Freund meines Vaters, übriggebliebene Pflänzchen von Tomaten, Gurken, Lauch und Frühlingszwiebeln. Und wenn es dann Hochsommer und Herbst wird, gibt er mir auch oft etwas von seiner Ernte ab.

Auf diese Art verteilen wir etwas von unserer grünen Welt und machen sie damit noch etwas grüner. Und vielleicht spendet die grüne Gabe später neuen Samen, Stecklinge und geteilte Pflanzen, die weiter verteilt werden und die Freude am Gärtnern wachsen lassen.

TOPINAMBUR-GNOCCHI

Meist macht man Gnocchi aus Kartoffeln, aber hier verwende ich ein anderes Knollengemüse, das ich sehr schätze – Topinambur. Die kleinen, delikaten Knollen kann man kinderleicht ziehen, und sie kommen gern Jahr für Jahr wieder. Übersieht man einen kleinen Rest von ihnen in der Erde, kommt im Jahr darauf eine neue Pflanze hervor. Auch wenn ich schon seit einigen Jahren keine Topinamburknollen mehr gesetzt habe, genieße ich dennoch im zeitigen Frühjahr selbst gezogene Knollen.

4 PORTIONEN GNOCCHI
750 g kalte gekochte und geschälte Topinamburknollen
ca. 200 g Hartweizenmehl
2 Eigelb
Salz

TOMATENSOSSE
1 Zwiebel
2 Knoblauchzehen
Olivenöl zum Braten
Salz und schwarzer Pfeffer
600 g stückige Tomaten
200 ml Gemüsebrühe oder Wasser
ein paar Thymianzweige
3 Lorbeerblätter

125 g Mozzarella
80 g Pecorino

ZUBEREITUNG

1. Topinambur glatt pürieren. Das Püree auf einem Backbrett mit dem Mehl mischen. Eigelbe und ½ TL Salz zugeben und zu einem geschmeidigen Teig verarbeiten.
2. Den Teig in 4 Stücke teilen, diese jeweils zu einer fingerdicken Stange rollen und Stücke von jeweils 1 cm abschneiden. Salzwasser in einem Topf aufkochen. Die Gnocchi darin nach und nach garen, bis sie aufsteigen. Mit dem Schaumlöffel herausholen und in eine Schale mit kaltem Wasser legen.
3. Den Backofen auf 200 °C vorheizen. Die Zwiebel für die Tomatensoße fein hacken und die Knoblauchzehen mit dem Messerrücken zerdrücken. Öl in einem Topf erhitzen und die Zwiebel zusammen mit den Knoblauch, Salz und schwarzem Pfeffer darin anbraten. Die stückigen Tomaten, Gemüsebrühe oder Wasser, Thymian und Lorbeerblätter zugeben. Alles zusammen 30 Minuten offen köcheln lassen. Die Lorbeerblätter herausfischen und die Soße pürieren.
4. Den Mozzarella in kleine Stücke zupfen und mit der Tomatensoße sowie den Gnocchi in einer Auflaufform schichten. Den Pecorino reiben, darüberstreuen und ca. 15 Minuten im Ofen überbacken, bis der Käse geschmolzen ist.

KARTOFFELN AUS DER GLUT

Als ich jünger war und Wraps und Tacos noch nicht die Couchtische am Freitagabend erobert hatten, eröffneten wir zu Hause oft das Wochenende, indem wir im Herdfeuer Kartoffeln in der Glut grillten. Dann mischte sich das Knistern des Feuers mit der Musik der populären Unterhaltungsprogramme aus dem Fernsehen. Es waren gemütliche Freitagabende!

4 PORTIONEN
8 große Kartoffeln (davon eventuell einige Süßkartoffeln)
8 frische Thymianzweige
16 frische Salbeiblätter oder getrocknete Lorbeerblätter

FÜLLUNG
2 Zwiebeln
10 Wiesenchampignons (alternativ auch Wald- oder Zuchtchampignons)
Butter zum Braten

KRÄUTERDIP
200 g Crème fraîche
abgeriebene Schale und 1 TL Saft von 1 Bio-Zitrone
1 gehäufter EL gehackte Petersilie
1 gehäufter EL gehacktes Basilikum
Salz und schwarzer Pfeffer

ZUBEREITUNG

1. Die Kartoffeln gründlich waschen und mit einem Handtuch oder mit Küchenpapier abtrocknen.
2. 8 Stücke Aluminiumfolie großzügig abreißen und auf jedem Stück 1 Kartoffel, 1 Thymianzweig und 2 Salbei- oder Lorbeerblätter verteilen. Die Kartoffeln in die Folienstücke einwickeln und in eine schöne, gleichmäßige Glut legen. 30–40 Minuten darin backen, bis die Kartoffeln sich beim Testen mit einem Stäbchen weich anfühlen. Ungefähr nach der Hälfte der Zeit die Kartoffeln einmal wenden.
3. In der Zwischenzeit die Füllung und den Kräuterdip zubereiten: Die Zwiebeln fein hacken, die Champignons in Stücke schneiden. Alles zusammen in einer Pfanne in Butter braten, bis die Pilze eine schöne Farbe angenommen haben und die Zwiebeln weich sind.
4. Alle Zutaten für den Kräuterdip verrühren und mit Salz und Pfeffer abschmecken.
5. Die Kartoffeln etwas abkühlen lassen, bevor die Folie geöffnet wird. Dann die Kartoffeln einschneiden und mit der Füllung und dem Kräuterdip zusammen servieren.

PASTINAKENKUCHEN

Der würzige Pastinakenkuchen ist einer meiner allerbesten Kuchen. Bei jedem Kaffeekränzchen und Fest fällt er auf und weckt Interesse. Als ich ihn an einem Spätsommertag zum ersten Mal machte, kamen meine Großmutter und ihre Schwester zum Kaffee zu mir. Seitdem backt ihn auch die alte Tante Lena häufig und gern.

CA. 10 STÜCKE

275 g Pastinaken
200 ml Rapsöl und etwas für die Form
4 Eier
200 g Weizenmehl
270 g Zucker
2 TL Vanillezucker
2 TL Backpulver
1 TL grob gemahlener Kardamom
1 TL Salz
Paniermehl für die Form

FROSTING

60 g Puderzucker
75 g weiche Butter
200 g Frischkäse
200 g Sahne
60 g Sonnenblumenkerne zum Bestreuen
Kokosflocken zum Bestreuen

ZUBEREITUNG

1. Den Backofen auf 175 °C vorheizen. Eine Kuchenform mit ca. 25 cm Durchmesser oder 30 x 40 cm fetten und mit Paniermehl ausstreuen.
2. Die Pastinaken fein reiben und mit dem Öl und den Eiern in eine Schüssel geben. Zu einem luftigen Teig verrühren. Die trockenen Zutaten zugeben und einige Minuten verrühren, bis alles gut vermischt ist.
3. Den Teig in die Form gießen und ca. 40 Minuten im Ofen backen. Bleibt das Stäbchen bei der Stäbchenprobe trocken, ist der Kuchen fertig gebacken. Ganz abkühlen lassen.
4. Für den Belag den Puderzucker in eine Schüssel sieben. Die Butter zufügen und klümpchenfrei zu einem weichen Brei vermengen. Den Frischkäse zugeben und schnell zu einem glatten Guss verrühren.
5. Die Sahne in einem anderen Behälter steif schlagen und dann in die Frischkäsemischung einrühren. Das Frosting auf dem Kuchen verteilen.
6. Die Sonnenblumenkerne und die Kokosflocken in einer trockenen Pfanne rösten, bis sie Farbe annehmen und die Kerne anfangen zu knacken. Abkühlen lassen, alles zusammen fein hacken und über den Kuchen streuen.

ZUCCHINI-SCHOKOLADENTORTE

Zucchini sind ein tolles Gemüse zum Backen. Am besten funktioniert es in Kombination mit Schokolade. Der Kuchen kann auch gut ca. 1 Stunde in einer Springform gebacken werden und dient dann als Tortenboden.

CA. 15 STÜCKE

3 Eier
270 g Zucker
250 g Zucchini
150 g dunkle Schokolade
100 ml Rapsöl und etwas für die Form
250 g Weizenmehl
50 g Kakaopulver
1 TL Natron
½ TL Backpulver
1 TL Salz
Paniermehl für die Form
geraspelte Schokolade zum Bestreuen

ZUBEREITUNG

1. Den Backofen auf 180 °C vorheizen. Eine Kastenform oder eine Springform mit 21 cm Durchmesser fetten und mit Paniermehl ausstreuen.
2. Eier und Zucker schaumig rühren. Zucchini und Schokolade reiben. Zusammen mit den restlichen Zutaten zu der Eier-Zucker-Masse geben und den Teig ohne Klumpen verrühren. In die Form gießen und ca. 1 Stunde backen. Bleibt das Stäbchen bei der Stäbchenprobe trocken, ist der Kuchen fertig gebacken.
3. Den Kuchen zuerst in der Form abkühlen lassen, dann auf eine Kuchenplatte stürzen.

ERDBEERMOUSSE-FÜLLUNG

350 g Erdbeeren (frisch oder TK)
45 g Zucker
3 EL Agar-Agar-Flocken (oder den Zucker gegen Gelierzucker austauschen)
1 EL frisch gepresster Zitronensaft
1 Prise Salz
300 g Sahne

ZUBEREITUNG

1. 250 g Erdbeeren zusammen mit Zucker und Agar-Agar in einen Topf geben. Die Mischung 5 Minuten aufkochen und dann schnell pürieren. Zitronensaft und Salz zugeben. Ganz abkühlen lassen.
2. Die restlichen Erdbeeren klein schneiden und unter die Beerenmousse rühren. Die Sahne steif schlagen und ebenfalls einrühren. Die Mousse für ein paar Stunden in den Kühlschrank stellen.

SCHOKOLADENMOUSSE-FÜLLUNG

200 g Zartbitterschokolade (ca. 70 % Kakaogehalt)
400 g Sahne

ZUBEREITUNG

Die Schokolade klein hacken. Vorsichtig im Wasserbad oder in der Mikrowelle schmelzen. Sahne steif schlagen und mit der flussigen Schokolade mischen.

Den runden Kuchen zweimal quer aufschneiden. Die Torte mit den beiden Mousse-Sorten füllen und eventuell auch oben mit etwas Mousse bestreichen. Mit geraspelter Schokolade bestreuen.

AUS WALD UND FELD

Naturrechte für alle – und natürliche Pflichten

In einer Zeit, in der einfache Dinge immer komplizierter gemacht werden und unsere Lebensmittel große Umwege machen – manchmal rund um den Globus –, bis sie auf unserem Teller landen, finde ich, dass es unsere Pflicht sein sollte, uns um die Früchte aus Wald und Feld zu kümmern. Genießen Sie gern Kokosnüsse und Granatäpfel, aber vergessen Sie nicht, auch nach den Vorräten zu schauen, die Ihnen die Natur in Ihrer eigenen Umgebung schenkt – täglich, das ganze Jahr hindurch. Die Natur ist freigebig und in Wald und Feld gibt es für jeden etwas Essbares.

Für alle, die sich für Selbstversorgung interessieren, sind Wildfrüchte und -kräuter eine ausgezeichnete Alternative. Meiner Meinung nach ist „wildes Essen" sogar der allergrößte Luxus. Es ist gratis und klimafreundlich, weil es niemand säen, aufziehen oder transportieren muss. Zudem hat man beim Sammeln Bewegung, hält sich in einer stressfreien Umgebung auf, atmet frische Luft und genießt dabei wahrscheinlich auch fantastische Naturerlebnisse – ein deutlich größeres als beim Kauf eines Dosengerichtes.

Die Beeren wilder Sträucher am Waldrand stehen meinen selbst angepflanzten in nichts nach. Damit wird die Natur zur Verlängerung meines eigenen Gartens. Im Frühsommer pflücke ich die Blütenblätter der Kartoffelrosen, im Herbst ihre Hagebutten sowie Brombeeren, Äpfel, Sanddorn und Pilze. Im Winter koche ich meinen Glühwein (siehe Seite 151) mit den gefrorenen Schlehen, die entlang der Kuhweiden wachsen. Und im Sommer genieße ich von allem: Walderdbeeren, Kriechen-Pflaumen, Kirschen, Bärlauch, Brenn- und Taubnesseln. Sogar wenn draußen eine dicke Schneedecke liegt, gibt es dort Wacholderbeeren, die wunderbar in einen heißen Eintopf oder in ein würziges Weihnachtsknäckebrot passen. Die Tür zur Speisekammer der Natur steht weit offen und alle sind immer willkommen.

EIS

LINGOFFIE – TOFFEE-EIS MIT PREISELBEEREN

Lingoffie ist meine Variante der englischen Bananen-Toffee-Speise Banoffee. Ich liebe den Kontrast der säuerlichen Preiselbeeren (Schwedisch: lingon) zu dem süßen, weichen Karamell. Am besten macht man zuerst die Preiselbeer-Karamellsoße, damit sie abgekühlt ist, bis das Eis fertig ist.

GRUNDREZEPT FÜR 1 LITER EIS

3 Eier
135 g Zucker
400 g Sahne
100 ml Kuhmilch oder vegane Milch
1 TL Vanillepulver

PREISELBEER-KARAMELLSOSSE

100 g Sahne
100 ml heller Sirup
90 g Zucker
50 g Preiselbeeren (alternativ Cranberrys, frisch oder TK und aufgetaut)

ZUBEREITUNG

1. Die Eier für das Eis trennen. Eiweiße mit 90 g Zucker zu einem weichen, leicht feuchten Baiser schlagen. Die Eigelbe mit dem restlichen Zucker aufschlagen.
2. Die Sahne mit Milch und Vanillepulver in einem Topf aufkochen. Etwas davon in die Eigelbmischung gießen, verrühren und dann alles zusammen zurück in den Topf schütten. Unter Rühren erwärmen und von der Platte nehmen, sobald es anfängt zu köcheln. Etwas abkühlen lassen und dann die Baisermasse unterrühren.
3. Die Masse in eine Eismaschine füllen und laut Herstelleranweisung zubereiten.
4. Preiselbeer-Karamellsoße: Sahne, Sirup und Zucker in einem Topf mischen. 5–10 Minuten aufkochen, bis es etwas eindickt. Ganz abkühlen lassen. Die Preiselbeeren mit der Karamellsoße vermischen.
5. Abwechselnd Eis und Preiselbeer-Karamellsoße in eine Form schichten und mindestens 2 Stunden in den Gefrierschrank stellen. 10 Minuten vor dem Servieren herausnehmen.

HENRY VIII

Irgendwo habe ich gelesen, dass Heinrich VIII. „Rosmarinschnee" geliebt hat – gefrorenen Toddy mit reichlich Rosmarin. Dann habe ich diese ungewöhnliche, aber raffinierte Geschmackskombination sowohl in Kuchen und Pfannkuchen als auch in der köstlichen Eiscreme probiert und war begeistert.

Zum Grundrezept für das Eis

GESCHMACKSZUSATZ

1–2 EL fein gehackter Rosmarin
50 ml Cognac

ZUBEREITUNG

Die Zutaten für die Eiscreme nach dem Grundrezept mischen und Rosmarin sowie Cognac zugeben. Dann in der Eismaschine nach Anweisung zubereiten.

HAGEBUTTEN

HAGEBUTTEN GETROCKNET

Hagebutten kann man gut im Ganzen trocknen. Sie sind schnell gesammelt und man benötigt nicht viel Zeit, um sie zu entkernen. Um Hagebuttensuppe zu kochen, muss man sie dann nur pürieren und durch ein Sieb passieren, damit die Suppe cremig wird.

ZUBEREITUNG

Ästchen und Blütenreste abknipsen und die Hagebutten mit Wasser abspülen. Auf Blechen verteilen und bei 70–90 °C ca. 5 Stunden im Backofen trocknen.

HAGEBUTTENMEHL

Will man die Hagebutten für Kuchen, Brot, Waffeln, Knuspermüsli, Grütze oder Smoothies verwenden, dann müssen sie entkernt, getrocknet und zu Mehl vermahlen werden. Dafür eignen sich die Kartoffelrosen gut. Ihre Hagebutten sind groß und ihr Fruchtfleisch ist dadurch etwas ergiebiger.

ZUBEREITUNG

1. Ästchen und Blütenreste abknipsen. Die Hagebutten entkernen, indem man sie mit einem Messer teilt und dann die Kerne mit einem kleinen Löffel herauskratzt.
2. Hagebutten abspülen und auf Backblechen ausbreiten. Bei 50 °C oder der geringstmöglichen Temperatur 5–7 Stunden im Ofen trocknen, bis die Schalen ganz trocken sind.
3. Die getrockneten Hagebuttenschalen in einer Mandel- oder Kaffeemühle fein mahlen; alternativ im Mixer zu Pulver mixen.

HAGEBUTTENSUPPE

Die süße Fruchtsuppe kann man sowohl mit frischen als auch mit getrockneten Hagebutten machen.

1,5–2 LITER

250 g ganze getrocknete Hagebutten
100–125 g Zucker

ZUM SERVIEREN

evtl. leicht geschlagene Sahne
evtl. kleine Mandelbiskuits

ZUBEREITUNG

1. Hagebutten mit ca. 1 l Wasser in einem Topf aufsetzen. Ca. 15 Minuten kochen, bis sie weich sind. Den Topf von der Platte nehmen und den Inhalt zu einer orangeroten Suppe mixen. Durch ein Edelstahlsieb streichen und mit einem Löffel nachdrücken, damit die gesamte Flüssigkeit durchläuft.
2. Den Topf kurz mit Wasser ausspülen, um eventuell verbliebene Kerne und Schalenteile wegzuspülen. Die Hagebuttensuppe zurück in den Topf gießen. Den Zucker zugeben und aufkochen. Eventuell noch etwas Wasser zugießen, falls die Suppe zu dick ist.
3. Die Hagebuttensuppe warm oder kalt trinken. Nach Belieben noch leicht geschlagene Sahne und kleine Mandelbiskuits dazu reichen.

BROMBEER-APFEL-TARTE MIT MÜSLI-STREUSELN

Gegen Ende des Sommers, wenn die Gartenernte langsam nachlässt, nehme ich das Fahrrad, um im Wald Brombeeren zu pflücken. Dort, wo der Hang steinig und steil ist, wächst das Dickicht mit den besten Sammelstellen.

Oft sind die Äpfel im Garten ungefähr gleichzeitig reif. Am allerbesten schmecken Brombeeren in einem Kuchen zusammen mit Äpfeln. Von allen Beeren eignen sich Brombeeren am besten zum Einfrieren. Deshalb sehe ich zu, eimerweise Brombeeren im Herbst zu pflücken.

CA. 8 STÜCKE
KUCHENTEIG
150 g Weizenmehl und etwas für die Arbeitsfläche
150 g zimmerwarme Butter oder Margarine
1 EL Zucker
1 EL Kartoffelstärke

MÜSLI-STREUSEL
75 g Butter oder Margarine
180 g Müsli oder Granola (siehe Seite 29)
50 g feiner Zucker

FÜLLUNG
2 Äpfel
250 g frische oder gefrorene Brombeeren (einige Beeren zum Garnieren zur Seite legen)

ZUM SERVIEREN
leicht geschlagene Sahne oder Vanillesoße

ZUBEREITUNG

1. Den Backofen auf 200 °C vorheizen. Alle Zutaten für den Teig mit 1 EL Wasser in einer Schüssel mit den Händen oder mit einem Rührgerät verkneten. Die Schüssel mit Frischhaltefolie abdecken und den Teig 20 Minuten im Kühlschrank ruhen lassen.
2. Dann den Teig auf eine mit Mehl bestreute Arbeitsfläche legen und kreisförmig ausrollen. Eine Tarteform mit ca. 23 cm Durchmesser mit dem Teig auslegen. Die überstehenden Ränder abschneiden, mit der Gabel einige Löcher in den Boden stechen und die Form für 10 Minuten in den Gefrierschrank stellen.
3. Inzwischen die Butter oder Margarine für das Knuspermüsli zerlassen und dann Müsli oder Granola und Zucker darin verrühren.
4. Die Äpfel entkernen und in Scheiben schneiden.
5. Den Tarteboden 5–7 Minuten vorbacken. Dann die Füllung aus Äpfeln und Brombeeren daraufgeben. Das Knuspermüsli gleichmäßig darüber verteilen und ca. 20 Minuten im Ofen backen.
6. Die Tarte warm oder lauwarm zusammen mit etwas Schlagsahne oder Vanillesoße servieren.

KARTOFFEL-MANDELTORTE MIT BLAUBEEREN

Diese Torte ist die Variation eines klassischen Kartoffelkuchens. Das Rezept entstand „in schlechten Zeiten", als man einen Teil der Mandeln durch Kartoffeln ersetzte, damit der Kuchen lange saftig blieb. Der eigentliche Kuchen wird hier zu Tortenböden aufgeschnitten, die mit Schlagsahne und Blaubeeren kombiniert werden. So schmeckt der Kuchen mindestens so gut wie vor hundert Jahren.

8–10 STÜCKE
TORTENBÖDEN
200 g Mandeln
315 g Zucker
4 mittelgroße gekochte Kartoffeln
2–3 Tropfen Bittermandelaroma
175 g zimmerwarme Butter oder Margarine und etwas für die Form
90 g Zucker
5 Eier
Paniermehl für die Form

FÜLLUNG
400 g Blaubeeren (frisch oder TK)
45 g Zucker
400 g Sahne

ZUBEREITUNG

1. Den Backofen auf 200 °C vorheizen. Eine Springform von 20 cm Durchmesser fetten und mit Paniermehl ausstreuen.
2. Die Mandeln in einer Mandelmühle oder mit einer Küchenmaschine möglichst fein mahlen. Dann mit 225 g Zucker verrühren, bis die Mischung etwas zusammenklebt.
3. Die gekochten Kartoffeln pellen und grob reiben. Bittermandelaroma zugeben.
4. Butter und restlichen Zucker schaumig rühren. Die Eier nacheinander zugeben und verrühren. Die Mandelmasse unterrühren und mit den Kartoffeln zu einem glatten Teig verarbeiten.
5. Den Teig in 3 Portionen aufteilen und nacheinander in der Springform verteilt ca. 20 Minuten backen. Bleibt das Stäbchen bei der Stäbchenprobe trocken, ist der Kuchen fertig. Die 3 Böden ganz auskühlen lassen.
6. 100 g von den Blaubeeren zum Garnieren zur Seite stellen. Die restlichen Beeren zusammen mit dem Zucker pürieren. Die Sahne steif schlagen. Blaubeerpüree und Sahne schichtweise zwischen die Tortenböden füllen und zusammensetzen. Den Deckel mit Sahne und Blaubeeren garnieren.

CLAFOUTIS MIT WILDEN TRAUBENKIRSCHEN

Der französische Dessertkuchen Clafoutis wird traditionell mit Kirschen gefüllt. Aber im Sommer kann man ihn auch ausgezeichnet mit den besten Beeren der Saison füllen. Wer die Beeren vom Sommer eingefroren hat, kann sie sogar das ganze Jahr über nutzen. Hier habe ich den Teig in 2 Portionen geteilt, um davon die eine mit Kirschen und die andere mit Stachelbeeren zu füllen. Den Teig habe ich mit dem Saft von wilden Traubenkirschenblüten aromatisiert, um den Mandelgeschmack zu verstärken und einen etwas blumigeren Ton hineinzubringen. Probieren Sie gern einmal verschiedene Geschmacksrichtungen aus, zum Beispiel mit Rosenwasser oder Orangensaft. Wenn Sie einen neutralen Geschmack bevorzugen, belassen Sie den Teig, wie er ist.

1 GROSSER ODER 2 KLEINERE KUCHEN

6 Eiweiß
135 g Zucker
100 g Weizenmehl
1 TL Backpulver
4 EL Traubenkirschsaft-Konzentrat (siehe rechts) oder Wasser
75 g zerlassene und abgekühlte Butter und etwas für die Form
150 g Stachelbeeren oder entsteinte Kirschen
evtl. Mandelsplitter zum Bestreuen
Puderzucker zum Bestäuben

ZUM SERVIEREN
evtl. leicht geschlagene Sahne

ZUBEREITUNG

1. Den Backofen auf 175 °C vorheizen. Eiweiße mit dem Zucker zu Schnee schlagen, bis dieser Spitzen zieht. Mehl und Backpulver zugeben. Den Traubenkirschsaft und die geschmolzene Butter schnell damit verrühren, sodass der Teig leicht und luftig bleibt.
2. Den Teig in eine gefettete Form von ca. 30 × 40 cm gießen, die Beeren oder Kirschen darauf verteilen und eventuell mit Mandelsplittern bestreuen.
3. Den Kuchen ca. 25 Minuten auf der mittleren Schiene backen. Er darf in der Mitte noch etwas cremig sein.
4. Mit Puderzucker bestäuben und lauwarm oder kalt zusammen mit Schlagsahne servieren.

SAFT VON TRAUBENKIRSCHENBLÜTEN

So wie die Blüten des Holunders sind die der Traubenkirsche nicht nur schön – man kann auch Saft aus ihnen kochen.

ZUBEREITUNG

1 l kochendes Wasser in einen Messbecher gießen, der mit Traubenkirschenblüten dicht gefüllt ist. Dazu die Scheiben einer aufgeschnittenen Bio-Zitrone und 315 g Zucker geben. Abkühlen lassen und danach filtern.

KOMPOTT VON KRIECHEN-PFLAUMEN

Diese wilden Pflaumen scheinen nur ganz wenige Menschen zu kennen. Als Kind glaubte ich, dass meine Eltern sie erfunden hätten, weil niemand außerhalb unserer Familie verstand, wovon wir redeten. Dennoch pflückten wir jedes Jahr im August am Wäldchen hinter dem Elternhaus meines Vaters diese Kriechen-Pflaumen. Wir schleppten sie eimerweise nach Hause und kochten Saft und herrliches Gelee davon. Heutzutage entkerne ich diese farbenprächtigen schönen Pflaumen und friere sie ein. Dann koche ich den ganzen langen Winter davon ein Kompott.

Besonders lustig war es, als ich in meinem Blog über Kriechen-Pflaumen geschrieben hatte und der eine oder andere auf einmal Kriechen-Pflaumenbäume ganz in seiner Nähe oder bei Waldspaziergängen entdeckte, wo er seit vielen Jahren täglich vorbeigegangen war. Glauben Sie mir deshalb: Da draußen gibt es wirklich eine wilde, farbenprächtige und köstliche Pflaumensorte namens Kriechen-Pflaume – die meine Eltern also doch nicht erfunden haben.

4–6 PORTIONEN
2 l entsteinte Kriechen-Pflaumen (mit dem Messbecher abmessen)
ca. 180 g Zucker
4 EL Kartoffelstärke

ZUM SERVIEREN
Kuhmilch oder vegane Milch

ZUBEREITUNG
1. Die Kriechen-Pflaumen mit 400 ml Wasser und dem Zucker in einem Topf vorsichtig 10 Minuten kochen, bis die Früchte weich sind.
2. Kartoffelstärke mit etwas Wasser anrühren, in einem dünnen Strahl in den Topf gießen und verrühren. Köcheln lassen, bis die Creme andickt. Dann den Topf von der Platte nehmen.
3. Das Kompott lauwarm oder kalt zusammen mit Milch servieren.

Ein Lob auf das Unkraut

Einer der Hauptgründe, warum ich Unkräuter als Nahrungsmittel so gern mag, ist der, dass sie im Frühjahr zu unseren allerersten Pflänzchen zählen. Sie drängen sich unter der Schneedecke hindurch und schauen fröhlich in die Sonne, die den Winter vertreibt. Diese ersten mit Chlorophyll vollgepackten Blättchen kündigen den Frühling an und man spürt, dass die karge Winterlandschaft langsam aus ihrem Schlaf erwacht und wieder zu blühen beginnt. Dies geschieht, wenn ich mich am allermeisten danach sehne, wieder in meinem Garten zu wirtschaften, endlich wieder zu ernten und ich vergesse für eine Weile all den Kohl, die Roten Bete und das ganze Wurzelgemüse, das ich den langen Winter über gegessen habe.

Auf der anderen Seite zählt Unkraut zu den meist verhassten Gewächsen in unseren Gärten. Vielfach wurde es verwünscht und beschworen und gelegentlich auch mit der Giftspritze bekämpft! Aber in letzter Zeit hat sich auch das Unkraut ein wenig rehabilitiert. Immer mehr Menschen entdecken, dass eine ganze Reihe Unkrautarten auch richtig gute Nahrungsmittel sind.

Mit Schachtelhalm und Schafgarbe lassen sich beispielsweise vorzügliche Tees kochen. Die nährstoffreichen Brennnesseln trockne ich und mache ein Vitaminpulver daraus (siehe Seite 32). Von den Löwenzahnblüten koche ich Konfitüre (siehe Seite 88). Aber meinen absoluten Favoriten – den Giersch – benutze ich zu fast allen Gerichten. Er steckt in gut gewürzten Eintöpfen wie dem indischen Dal (siehe Seite 67), aber auch im grünen Frühstückssaft (siehe Seite 58) und die jungen Blättchen esse ich gern so wie sie sind. Einen Garten ohne Giersch wollte ich gar nicht haben! Er ist für mich ein ausgezeichnetes Gemüse und eine Kulturpflanze, die viel anzeigt. Ich erfreue mich an ihm wie die Mönche, die ihn irgendwann einmal mitgebracht haben, um ihn in ihren Klostergärten anzubauen. Besonders gut gefällt er mir an großen Flecken, wenn seine kräftigen Blätter ein schönes graphisches Muster ergeben.

Das beschwerlichste Unkraut in meinem Garten ist jedoch der Meerrettich – genauso wie Disteln und Quecken. Auf der Weide habe ich inzwischen einen kleineren Meerrettichwald. Viele wissen gar nicht, dass Meerrettich, den man für viel Geld an der Gemüsetheke kauft, eine richtige Plage sein kann. Aber gleichzeitig ist er auch ein wirklich leckeres Unkraut, das ich mit Freuden esse. Aber vergessen Sie vor lauter Wurzel nicht das Kraut des Meerrettiches; es ist nämlich eine echte Delikatesse. Die Blätter schmecken nach Kohl und Meerrettich und haben eine milde Schärfe. Klein geschnitten krönen sie einen französischen Kartoffelsalat mit Senfvinaigrette.

BUTTERMILCHBROT MIT PREISELBEEREN

Das Buttermilchbrot ist ein schnelles Brot zum Selberbacken. Es kann unendlich variiert werden und geht so einfach, dass es jeder backen kann. Wer gerade nicht die Mehlsorten zur Hand hat, die ich nehme, kann auch seine eigene Mischung zusammenstellen, die in seinem Vorratsschrank vorhanden ist. Nehmen Sie gern gröbere Mehlsorten, die dem Brot Charakter geben und gesund sind. Übrigens muss der Teig hier nicht gehen und auch nicht durchgeknetet werden. Man braucht weder eine Maschine noch starke Muskeln – wir verrühren den Teig einfach mit einem Holzkochlöffel.

2 BROTE

75 g Preiselbeeren (frisch oder TK)
3 EL Honig
360 g grobes Roggenmehl
240 g Roggenschrot
90 g Haferflocken
90 g grobe Weizenkleie
120 g Leinsamen
3 TL Salz
3 TL Backpulver
3 TL Natron
1 l Buttermilch oder Schwedenmilch (oder schwedische Filmjölk, falls erhältlich)
Fett für die Formen
Paniermehl für die Formen

ZUBEREITUNG

1. Den Backofen auf 175 °C vorheizen. Preiselbeeren mit dem Honig so pürieren, dass die Konsistenz an Konfitüre erinnert. Alle trockenen Zutaten in einer Schüssel vermischen. Buttermilch und das Preiselbeerpüree zugeben und alles zu einem Teig verrühren.
2. Den Teig in 2 gefetteten und mit Paniermehl ausgestreuten Brotformen (1,5 l) gleichmäßig verteilen und auf der mittleren Schiene ca. 2 Stunden backen.
3. Die Brote etwas in den Formen auskühlen lassen, dann auf ein Gitter stürzen und ohne Abdeckung auskühlen lassen.

AUS WALD UND FELD

PFIFFERLINGSSUPPE AUS DER PAPIERTÜTE

Mein persönlicher Favorit unter den Konservierungsmethoden ist das Trocknen. Nicht nur süße Sachen wie Früchte und Beeren oder Tees und Kräuter, die sich gut zum Trocknen eignen, sondern sogar Pilze und Gemüse können getrocknet werden. Oder wie hier – eine Suppe!

4 PORTIONEN
GETROCKNETE SUPPENZUTATEN

250 g frische Pfifferlinge
1 Möhre
1 Pastinake
1 Zwiebel
evtl. 1 EL frischer Liebstöckel
2 grob gemahlene Stangenpfeffer (langer Pfeffer) oder 1 TL schwarzer Pfeffer

WEITERE ZUTATEN

100 g Sahne
Salz und evtl. schwarzer Pfeffer
evtl. Balsamico

ZUBEREITUNG

1. Pfifferlinge, das Wurzelgemüse und die Zwiebel in kleine Stücke schneiden. Kleine Pfifferlinge können ganz bleiben.
2. Im Ofen bei 75 °C mit leicht geöffneter Ofentür (Kochlöffelstil dazwischenklemmen) trocknen, bis es vollständig trocken ist. Zum Ende hin auch das Liebstöckelblatt mittrocknen, sofern verwendet.
3. Die Mischung in einer gut verschlossenen Papiertüte aufbewahren, bis man die Suppe selbst kochen oder die Tüte verschenken will.
4. Dann 600 ml Wasser in einem Topf aufkochen, die getrockneten Zutaten hineingeben und ca. 15 Minuten kochen. Die Sahne einrühren und mit Salz, eventuell auch mit etwas schwarzem Pfeffer und Balsamico abschmecken.

HOLUNDERKAPERN

Das, was um uns herum wächst, kann man häufig nicht nur einmal ernten, zum Beispiel als reife Beere. Der Holunder zeigt uns das besonders gut: Im Sommer kann man mit seinen Blüten wunderbare Getränke mixen, Gebäck dekorieren oder sie im Bierteig ausbacken. Wenn die Holunderbeeren reif sind, kann man Saft kochen, der einen ganz anderen Charakter hat. Oder man macht Konfitüre und Gelee davon. Aber davor – wenn die Beeren noch grün und unreif sind – dann koche ich davon Kapern. Zu den Dicke-Bohnen-Frikadellen (siehe Seite 108) oder in einem Kartoffelsalat schmecken sie köstlich!

150 g unreife, grüne Holunderbeeren
4 EL Essigessenz (12 %-ige Verdünnung)
1 EL Zucker
2 TL Salz

ZUBEREITUNG

1. Die Beeren entstielen und waschen. Essigessenz, 200 ml Wasser, Zucker und Salz in einem Topf zusammen aufkochen. Die Beeren hineingeben und zugedeckt bei geringer Hitze 10 Minuten köcheln lassen.
2. Die Beeren mit der Lake in gründlich gereinigte Gläser gießen. Die Deckel verschließen und abkühlen lassen.
3. Kühl gelagert halten sie mehrere Monate.

SCHLEHENGLÜHWEIN

Nicht alle Beeren schmecken direkt vom Strauch besonders gut. Die Schlehen haben zum Beispiel einen sehr strengen Geschmack und eine Säure, dass es einem den Mund zusammenzieht. Aber auch diese wilden Beeren kann man zähmen. Für Schlehen heißt die Lösung: Glühwein. Schlehen müssen lange Zeit am Zweig reifen und können gut ein paar Fröste vertragen. Deshalb gehe ich erst im November und Dezember hinaus, um sie zu pflücken und genieße dann an den dunklen Abenden im Advent einen Schlehenglühwein vor dem Kaminfeuer.

750 g Schlehen
75 g Zucker pro l Saft
2 EL Glühweingewürz (Zimtstange, Sternanis, Kardamom, Pomeranzenschale, Gewürznelken und Süßholzwurzel, zerstoßen)
1 Stück frischer Ingwer (2 × 2 cm)
1 Schuss Rum oder Cognac nach Belieben

ZUM SERVIEREN
evtl. geschälte Mandeln und Rosinen

ZUBEREITUNG

1. Die Schlehen waschen und in eine hitzebeständige Schüssel legen. 2 l Wasser aufkochen und direkt über die Beeren gießen. Abkühlen lassen.
2. Die Flüssigkeit abgießen, wieder neu aufkochen und noch einmal über die Beeren gießen. Den Vorgang noch dreimal wiederholen. Beim letzten Übergießen kann man die Beeren kräftig mit einem Kartoffelstampfer zerdrücken. Abgießen.
3. Den so gewonnenen Saft mit Zucker und den Gewürzen aufkochen und ca. 10 Minuten zugedeckt sieden lassen, bis der Glühwein den Geschmack der Gewürze angenommen hat.
4. Den Glühwein pur oder mit Rosinen und Mandeln servieren. Er ist ca. 1 Woche haltbar, kann aber auch gut eingefroren werden.

REGISTER

Aioli 111
Apfel-Tarte mit Müsli-Streuseln,
   Brombeer- 134
Artischocken, gratinierte 104

Bagels mit gebratenen grünen Tomaten,
   Caprese- 63
Belugalinsen und Kokos, Päckchen mit
   Wurzelgemüse 109
Birkenblätter-Limonade 85
Birkensaft zapfen 83
Birkensaft, Topfbrot mit 86
Biscotti, Lavendel- 42
Blumen, essbare 80
Bohnen-Frikadellen, Dicke- 108
Brennnesseln 32, 34
Brennnesseln, Körnerkekse mit 34
Brennnesselpulver 32, 34
Brot
   Bagels 63
Buttermilchbrot mit Preiselbeeren 145
Frühstücksbrötchen frisch vom Blech 89
Knäckebrot 37
Körnerkekse mit Brennnesseln 34
Dinkelknäckebrot aus Sauerteig 37
Topfbrot mit Birkensaft 86
Brötchen frisch vom Blech, Frühstücks- 89
Brombeer-Apfel-Tarte mit Müsli-
   Streuseln 134
Burger, Kichererbsen- 64
Buttermilchbrot mit Preiselbeeren 145

Caprese-Bagels mit gebratenen grünen Tomaten 63
Chips 107
Clafoutis mit wilden Traubenkirschen 138

Dal 67
Desserts
   Brombeer-Apfel-Tarte mit Müsli-Streuseln 134
   Hagebuttensuppe 133
   Henry VIII 130
   Karamellcreme 31
   Kompott von Kriechen-Pflaumen 141
   Lingoffie – Toffee-Eis mit Preiselbeeren 130
   Rosmarinschnee 130
   Schokoladenpudding 31
   Zitronentarte mit Rhabarber 91
Dicke-Bohnen-Frikadellen 108
Dickmilch 27
Die frische Kräuterbank 53
Dinkelknäckebrot aus Sauerteig 37

Eis
   Henry VIII (Rosmarinschnee) 130
   Lingoffie – Toffee-Eis mit Preiselbeeren 130
Eisblumen, gefrorene 80
Eistee 80
Erbsensprossen 51
Erdbeermousse (Tortenfüllung) 120

Fenchel, mit Honig glasierter, mit Aioli 111
Fish n' Chips, Omas falsche 107
Frikadellen, Dicke-Bohnen- 108
frische Kräuterbank, Die 53
Frischkäsecreme, Kräuter- 34
Frühstücksbrötchen frisch vom Blech 89

Gefrorene Eisblumen 80
Getränke
   Birkenblätter-Limonade 85
   frischer Ingwertee mit Zitronenverbenen 38

Grüner Saft 58
Hafermilch 24
Herzensfreude-Tee 38
Mittsommernachtstraum 39
Muntermacher (Ingwersaft) 58
Nussmilch 24
Saft von wilden Traubenkirschenblüten 138
Schlaf-gut-Tee 38
Schlehenglühwein 151
Sesammilch 24
Tee gegen Halsweh 39
Traubenkirschenblütensaft 138
Vegane Milch 24
Zitronen- und Holunderlimonade 79
Glühwein, Schlehen- 151
Gnocchi, Topinambur- 114
Granola-Knuspermüsli 29
Gratinierte Artischocken 104
Großmutters Karamellcreme 31
Grüner Saft 58

Hafermilch 24
Hagebutten
    Hagebutten getrocknet 133
    Hagebuttenmehl 133
    Hagebuttensuppe 133
Henry VIII (Rosmarinschnee) 130
Herzensfreude-Tee 38
Holunderkapern 148
Holunderlimonade, Zitronen- und 79
Honig glasierter Fenchel mit Aioli, mit 111

Ingwertee, frischer mit Zitronenverbenen 38

Joghurt 27
Joghurt, Frozen & Müsli-Riegel 29
Johannisbeeren, Saft von den Blättern der schwarzen 79

Karamellcreme 31
Kartoffel-Mandeltorte mit Blaubeeren 137
Kartoffeln aus der Glut 117
Ketchup, selbstgekochtes 64

Kichererbsen-Burger 64
Kimchi (koreanisches Sauerkraut) 68
Kimchi Bokkeumbap 68
Knäckebrot 37
Kohl süßsauer aus dem Wok mit Rhabarber und Erbsensprossen 60
Kompott von Kriechen-Pflaumen 141
Konfitüre, Löwenzahn- 88
Körnerkekse mit Brennnesseln 34
Kräuter-Frischkäsecreme 34
Kräuterbank, Die frische 53
Kräuterdip 117
Kresse 51
Kriechen-Pflaumen, Kompott von 141
Kuchen
    Clafoutis mit wilden Traubenkirschen 138
    Kartoffel-Mandeltorte mit Blaubeeren 137
    Lavendel-Biscotti 42
    Pastinakenkuchen 118
    Zucchini-Schokoladentorte 120
Küchenchemie 27

Lavendel-Biscotti 42
Lavendelzucker 41
Limonade
    Birkenblätter-Limonade 85
    Zitronen- und Holunderlimonade 79
Lingoffie – Toffee-Eis mit Preiselbeeren 130
Löwenzahnkonfitüre 88

Milch
    Hafermilch 24
    Nussmilch 24
    Sesammilch 24
    Vegane Milch 24
Minzezucker 41
Mittsommernachtstraum 39
Müsli 29, 134
Muntermacher (Ingwersaft) 58

Nussmilch 24

Omas falsche Fish n' Chips 107
Omas falscher Fisch 107
Päckchen mit Wurzelgemüse, Belugalinsen
    und Kokos 109
Pastinakenkuchen 118
Pfifferlingssuppe aus der Papiertüte 147
Pflanzen vermehren 112

Quer durch den Garten 101

Ratatouille 103
Rhabarber, Zitronentarte mit 91
Riegel, Frozen Joghurt & Müsli- 29
Rosenzucker 41
Rosmarinschnee (Henry VIII) 130
Rote-Bete-Tarte mit Feta, Honig und Thymian 57
Rucolasprossen 51

Saft von den Blättern der schwarzen
    Johannisbeere 79
Saft von Traubenkirschenblüten 138
Saft, Grüner 58
Salatgewürz 32
Sauerteigansatz 37
Schlehenglühwein 151
Schokoladenmousse (Tortenfüllung) 120
Schokoladenpudding 31
Schokoladentorte, Zucchini- 120
Schwarzwurzel-Tarte mit Bärlauch 54
Selbstgekochtes Ketchup 64
Sesammilch 24
Sonnenblumensprossen 51
Sprossen
    Erbsensprossen 51
    Kresse 51
    Rucolasprossen 51
    Sonnenblumensprossen 51
Sprossen ziehen auf Küchenpapier 52
Sprossen ziehen im Glas 52

Tartes
    Rote-Bete-Tarte mit Feta, Honig und
        Thymian 57

Schwarzwurzel-Tarte mit Bärlauch 54
Zitronentarte mit Rhabarber 91
Tee
    frischer Ingwertee mit Zitronenverbenen 38
    Tee gegen Halsweh 39
    Herzensfreude-Tee 38
    Mittsommernachtstraum 39
    Schlaf-gut-Tee 38
Tomaten, grüne 63
Tomatensoße 114
Topfbrot mit Birkensaft 86
Topinambur-Gnocchi 114
Traubenkirschen, Clafoutis mit wilden 138
Trocknen
    Brennnesseln 32
    Kräuter 32

Vanillezucker 41
Vegane Milch 24
Vermehren, Pflanzen 112

Weizengras ziehen 53
Weizengraspulver 53
Wurzelgemüse, Belugalinsen und Kokos,
    Päckchen mit 109

Zitronen- und Holunderlimonade 79
Zitronentarte mit Rhabarber 91
Zucchini-Schokoladentorte 120
Zucker aromatisieren 41
Lavendelzucker 41
Minzezucker 41
Rosenzucker 41
Vanillezucker 41

DANKE

An Richard, der mir durch den Umzug in seine Wohnung meinen Einzug auf dem Hof ermöglichte und der mich in dem Entschluss bekräftigte, eine neue Tätigkeit zu beginnen – meinen Blog „Die grüne Speisekammer".

Ein herzliches Dankeschön an alle, die auf dem Hof gelebt und gebaut haben, den schönen Garten angelegt und das Unkraut gejätet haben und den alten Holz-Küchenofen all die Jahre renoviert und bewahrt haben.

Danke auch den weltbesten und nettesten Blog-Lesern, die mich mit inspirierenden und lustigen Kommentaren immer wieder anfeuern und ermuntern. Auch der Jury des schwedischen „Matblogg-Preises" danke ich, die früh auf meinen Blog aufmerksam gemacht und ihn ausgezeichnet hat.

Allen Freunden und Bekannten, die vor den Bergen von schmutzigem Geschirr in meiner Küche die Augen zugemacht und die mir geholfen haben, doch noch von sauberen Tellern zu essen. Mama und Madde, die mir die Kamera gehalten haben, wann immer es nötig war und auch vor meinen verrückten Fotoideen und Faxen nicht zurückschreckten.

Sigvard, der mir immer etwas von seiner Ernte, seinen Pflanzen und Samen, seinen Kenntnissen und seiner Zeit schenkt. Und der mir zusammen mit meinem Vater sowohl den Hühnerstall gebaut als auch den Gemüsegarten umgegraben hat.

Majsan, Hillevi, Harriet und Thea, die die besten Eier der Welt legen.

Meiner Verlegerin Alexandra, die an mich glaubte und nie Nein sagte.

Annika, der weltbesten Redakteurin, mit der es eine Freude war zu arbeiten.

Annika, der Layouterin, die das gelungene Layout entwickelte, das das ganze Werk ziert.

Allen Mitarbeitern von Bonnier Fakta, die auf die eine oder andere Art und Weise mitgeholfen haben, dieses Buch zu ermöglichen.

Und danke Elsa, die mich jeden Tag in Wald und Feld mitgenommen hat und nie ein Nein akzeptierte.